Table of Contents

Hanumāna Chālisā

हनुमान चालीसा

ਹਨੁਮਾਨ ਚਾਲੀਸਾ

હનુમાન ચાલીસા

By

Goswāmi Tulsidāsa

गोस्वामी तुलसीदास

ਗੋਸਵਾਮੀ ਤੁਲਸੀਦਾਸ

ગોસ્વામી તુલસીદાસ

Dedicated to God,

to my parents,

to my sisters -

Tanya, Kiran, Raji, Udi, Vidi, Hiya

– and to my soul Snehita: Smitha

TRANSLATOR'S NOTE

In this translation, I attempted my best to bring the translation in 3 languages: English, French and Italian. All the translations in different are close to the original and sometimes paraphrased to keep the value of the text. Now, you might ask, why of all the texts – Hanumāna Chālisā and Sankat Mochan Ashtak? Well, the answer is that most of the Hindus hold dear and are familiar with Hanumāna Chālisā and Sankat Mochan Ashtak, and they somehow want to pass it down their children and grandchildren – and without a proper translation they feel inadequate in accomplishing their innate desire. Furthermore, Italian and French are provided for those Hindus who do not know the Awadhi language. In Italy there are mostly people from Punjab, hence the usage of Gurmukhi. In France and Canada there are plenty of people with Gujrati background hence the usage of French. And in India, there are people who wish to learn French and Italian, then why not through a sacred hymn that is close to their hearts.

I with all my heart wish that people admire and learn more through this small book.

Shiv Trinetrah

DEVANAAGARI - ENGLISH

लोकाभिरामं रणरङ्गधीरं
राजीवनेत्रं रघुवंशनाथं
कारुण्यरूपं करुणाकरंतं
श्रीरामचन्द्रं शरणं प्रपद्ये

Lokābhirāma Ranrangdhīram
Rājīvnetram Raghuvanshnātham
Kārunyrupam Karunākaratam
Shrīrāmachandram Sharanam Prapadye

I take shelter at the pious feet of Lord Ramchandra, who is loved by people, who is calm amidst the battle, whose eyes are like lotuses, who is the Sovereign of Raghu Dynasty, who is Compassion incarnate, and who always bestows his Kindness upon all.

अथ हनुमान चालीसा आरम्भं

Ath Hanumāna Chālisā Ārambham

Now begins the ode to Hanumāna

दोहा - श्री गुरु चरण सरोज रज, निज मनु मुकुरु सुधारि

बरनऊ रघुबर बिमल जसु, जो दायकु फल चारि

बुद्धिहीन तनु जानिके, सुमिरौं पवन कुमार

बल बुद्धि विद्या देहु मोहिं, हरहु कलेस बिकार

Shri Guru Charan Saroj Raj, Nij Manu Mukuru Sudhāri

Barnau Raghubar Bimal Jasu, Jo Dāyaku Phal Chāri

Budhihīn Tanu Jānike, Sumiraun Pavan Kumār

Bal Budhi Vidyā Dehu Mohin, Harhu Kales Bikār

After cleaning the mirror of my mind with dust of the lotus-feet of my Guru, I chant the glories of Lord Ram, the ruler of Raghu family, who gives us all four fruits of life. You know I am without intelligence and my body is weak. I pray to you, O Prince of Wind, to grant me wisdom and strength, and to remove all my defects and my sufferings.

चौपाई – जय हनुमान ज्ञान गुन सागर

जय कपिस तिहुँ लोक उजागर

रामदूत अतुलित बल धामा

अंजनि पुत्र पवनसुत नामा

Jai Hanumāna Gyān Gun Sāgar

Jai Kapis Tihun Lok Ujāgar

Rāmadut Atulit Bal Dhāmā

Anjani Putr Pavansut Nāma

Victory to Hanumāna (the one who removes false pride), who is the endless ocean (treasure) of wisdom and virtues. Victory to Protector of monkeys, who is well known throughout the three worlds (Heaven, Earth and Netherworld). O ambassador of Lord Rāma, you are the abode of unmatched Strength and Power. You are the son of Anjanā, and you are called the son of Wind (Spiritual father of Hanumāna Ji).

महावीर विक्रम बजरंगी

कुमति निवार सुमति के संगी

कंचन बरण बिराज सुबेसा

कानन कुंडल कुंचित केसा

Mahavīr Vikram Bajrangi

Kumati Nivār Sumati Ke Sangi

Kanchan Baran Birāj Subesā

Kānan Kundal Kunchit Kesā

A great warrior, mighty as well as strong like a diamond you are. You ward off evil and negativity from our minds, while assisting us to inculcate good and right-mindedness. You are of golden-hue skin color, and adorned with beautiful garments, with heavy earrings and curly locks (hair).

हाथ वज्र और ध्वजा बिराजै

काँधे मुंज जनेऊ साजै

संकर सुवन केसरि नंदन

तेज प्रताप महा जग वंदन

Hāth Vajra Aur Dvajā Birājai

Kāndhe Munj Janeu Sājai

Sankar Suvan Kesari Nandan

Tej Pratāp Mahā Jag Vandan

In your hands you are holding the thunderbolt mace and the banner, and a sacred thread, made of munja grass, bedeck your shoulder. You are Lord Shiva's incarnation and Kesari's eyes' delight; your valour and glory are praised across the entire universe.

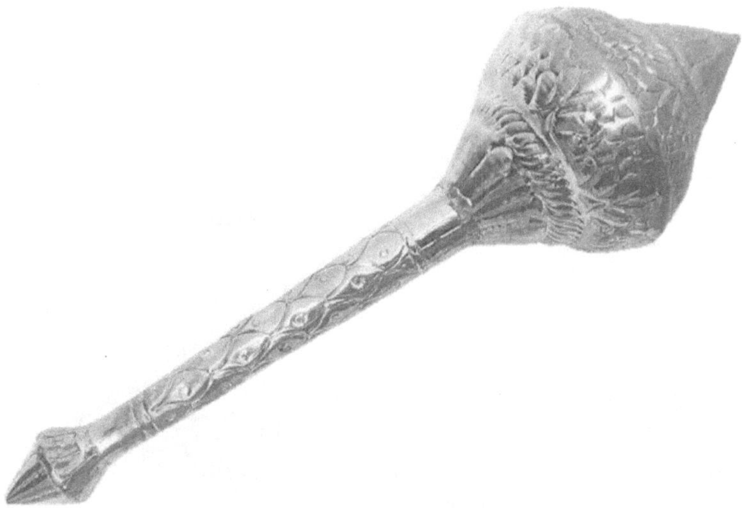

Hanumāna Ji's Vajra or Gadā (mace).

विद्यावान गुनि अति चातुर

राम काज करिबे को आतुर

प्रभु चरित्र सुनिबे को रसिया

राम लखन सीता मन बसिया

Vidyāvān Guni Ati Chātur

Rāma Kāj Karibe Ko Ātur

Prabhu Charitr Sunibe Ko Rasiyā

Rāma Lakhan Sītā Man Basiyā

You are the most intelligent, full of virtues and you possess of a lot of wisdom (worldly and spiritual). You are always ready to accomplish deeds in the service of Lord Rāma. You enjoy listening to the tales of Lord (Rāma). In your heart Lord Rāma, Mā Sītā, and Lakshman altogether dwell.

सूक्षम रूप धरि सियहि दिखावा

विकट रूप धरि लंक जरावा

भीम रूप धरि असुर संहारे

रामचंद्र के काज संवारे

Suksham Roop Dhari Siyahi Dikhāvā

Vikat Roop Dhari Lank Jarāvā

Bhīm Roop Dhari Asur Sanhāre

Rāmachandra Ke Kāj Sanvāre

By taking a tiny form, you appeared before Mā Sītā; by becoming giant form you burnt down the city of Lanka. In your fearsome and colossal form, you defeated and slaughter many demons. In this way, you completed the mission of Lord Rāma.

लाये सजीवन लखन जियाये

श्री रघुवीर हरषि उर लाये

रघुपति किन्ही बहुत बड़ाई

तुम मम प्रिय भरतहि सम भाई

Lāye Sajīvan Lakhan Jiyāye

Shri Raghuvīr Harshi Ur Lāye

Raghupati Kīnhi Bahut Barhāi

Tum Mam Priy Bharat Sam Bhāi

You brought the magical life-giving herbs (Sajīvan) to save Lakshman (who was on the edge of dying because of a wound taken in battle from Meghnāda's, son of King-demon Rāvana, poisonous arrow). Shri Rāma then embraced you, by praising and complimenting you. And he said: "You are as dear to me as my brother Bharat."

सहस बदन तुम्हरो जस गावैं

अस कहि श्रीपति कंठ लगावैं

सनकादिक ब्रह्मादि मुनिसा

नारद सारद सहित अहिसा

Sahas Badan Tumharo Jas Gāvain

As Kahi Shripati Kanth Lagāvain

Sankādik Brahmādi Munisā

Nārad Sārad Sahit Ahisā

"Thousands of mouths (a lot of souls and people) sing your glory and will continue to sing", said Shri Rāma, and hugged him with tears in his eyes. Mind-born sons of Lord Brahmā – Sanak, Sanandan, Sanatan, and Sanatkumār, Lord Brahmā himself and other gods and sages; Sage Nārad, Mā Saraswati (Sāradā) along with the Ahisā – the great thousand-headed serpent (Sheshnāg).

जम कुबेर दिगपाल जहां ते

कवि कोविद कहि सके कहां ते

तुम उपकार सुग्रीवहिं कीन्हा

राम मिलाये राजपद दीन्हा

Jam Kuber Digpāl Jahān Te

Kavi Kovid Kahi Sake Kahān Te

Tum Upkār Sugrīvahin Kīnhā

Rāma Milāye Rājpad Dīnha

Yamarāj, Kuber, the doorkeepers of gods' palaces, the bards (poets), and the scholars from every corner of the universe sing your glories, which are infinite and impossible to be counted. You did a great favor to Sugrīva, the king of the human-monkeys. You befriended him with Lord Rāma, who helped Sugrīva in getting back his kingdom from his brother – Bāli.

तुम्हरो मंत्र विभीषण माना

लंकेश्वर भये सब जग जाना

जुग सहस्र जोजन पर भानू

लील्यो ताहि मधुर फल जानू

Tumharo Mantr Vibhishan Mānā

Lankeshvar Bhaye Sab Jag Jānā

Jug Sahasr Jojan Par Bhānū

Līlyo Tāhi Madhur Phal Jānū

Vibhishan, the brother of demon-king Rāvana, took your advice and he became the king of Lanka, as the entire world now knows. Thousands and thousands of miles far away is the Sun, you ate it taking it for a delicious fruit.

प्रभु मुद्रिका मेलि मुख माहीं

जलधि लांघि गये अचरज नाहीं

दुर्गम काज जगत के जेते

सुगम अनुग्रह तुम्हरे तेते

Prabhu Mudrikā Meli Mukh Māhin

Jaldhi Lānghi Gaye Achraj Nāhin

Durgam Kāj Jagat Ke Jete

Sugam Anugrah Tumhre Tete

Placing the ring of Lord Rāma in your mouth, you jumped across the sea and flew to Lanka Island, there is no doubt at all. As many difficult endeavors and tasks there are in the world, all of them become easy with your grace and help.

राम दुआरे तुम रखवारे

होत न आज्ञा बिनु पैसारे

सब सुख लहै तुम्हारी सरना

तुम रक्षक काहू को डरना

Rāma Duāre Tum Rakhvāre

Hot Na Āgya Binu Paisāre

Sab Sukh Lahai Tumhāri Sarnā

Tum Rakshak Kāhū Ko Darnā

You stand as a sentinel at the door of the abode of Lord Rāma, without your permission no one is allowed to enter (in other words, Hanumāna Ji tests our heart's intention and purification of mind, before taking the glimpse of Lord Rāma). All the happiness – be it worldly or spiritual – is obtained by taking shelter at your feet (again it means true humbleness of mind). You are the protector of all, then there is no need to fear.

आपन तेज सम्हारो आपै

तीनों लोक हांकते काँपै

भूत पिशाच निकट नहिं आवै

महावीर जब नाम सुनावै

Āpan Tej Samhāro Āpai

Tīnon Lok Hankte Kāmpai

Bhūt Pishāch Nikat Nahin Āvai

Mahavīr Jab Nām Sunāvai

Only you can shield us from your own strength, all the three worlds fear and tremble in front of you at your roar (in other words, Hanumāna Ji is so strong that no one dares to confront him). Ghosts and demons do not come close to us, whenever they hear us chanting your name, O Mahāvīr (another name of for Hanumāna Ji).

नासै रोग हरे सब पीरा

जपत निरंतर हनुमत बीरा

संकट ते हनुमान छुड़ावै

मन क्रम वचन ध्यान जो लावै

Nāsai Rog Hare Sab Pīrā

Japat Nirantar Hanumat Bīrā

Sankat Te Hanumāna Cchurāvai

Man Kram Vachan Dhyān Jo Lāvai

If we sing the name of Hanumāna, the great warrior, all our diseases are removed, and our pains get cured. Whosoever meditates with his pure heart, with his words and through his actions (meaning actions should be sincere and aligned to what you preach with words), Hanumāna Ji frees him from all the afflictions.

सब पर राम तपस्वी राजा

तिनके काज सकल तुम साजा

और मनोरथ जो कोई लावै

सोई अमित जीवन फल पावै

Sab Par Rāma Tapasvi Rājā

Tinke Kāj Sakal Tum Sājā

Aur Manorath Jo Koī Lāvai

Soī Amit Jīvan Phal Pāvai

Lord Rāma, a great ascetic-king, rules over and protects all, and you devotedly helped him completing his missions. And if anyone comes to you with any desire in their heart, he or she gets the fruit which is eternal throughout life – self-realization.

चारों जुग परताप तुम्हारा

है प्रसिद्ध जगत उजियारा

साधु संत के तुम रखवारे

असुर निकंदन राम दुलारे

Chāron Jug Partāp Tumhārā

Hai Prasidh Jagat Ujiyārā

Sādhu Sant Ke Tum Rakhvāre

Asur Nikandan Rāma Dulāre

Your greatness and splendour spread in all throughout the four ages (Satyuga, Tretayuga, Dvaparayuga, and Kaliyuga), and your glory is well-known in the entire world. You are the protector of sages and saints; you are destroyer of evil and demons, and you are the dearest of Lord Rāma.

अष्ट सिद्धि नौ निधि के दाता

अस बर दीन जानकी माता

राम रसायन तुम्हरे पासा

सदा रहो रघुपति के दासा

Asht Sidhi Nau Nidhi Ke Dātā

As Bar Dīn Jānki Mātā

Rāma Rasāyan Tumhre Pāsā

Sadā Raho Raghupati Ke Dāsā

Mother Jānaki gave you the boon to bestow the eight-powers and the nine kinds of wealth upon anyone who take your shelter (protection). You know the essence of the devotion for Lord Rāma; to remain always as sacred devotee and servant of the Lord of Raghu dynasty (Lord Rāma).

तुम्हरे भजन राम को पावै

जनम जनम के दुःख बिसरावै

अंत काल रघुबर पुर जाई

जहां जनम हरि भक्त कहाई

Tumhare Bhajan Rāma Ko Pāvai

Janam Janam Ke Dukh Bisrāvai

Ant Kāl Raghubar Pur Jāi

Jahān Janam Hari Bhakt Kahāi

By chanting your name or singing the hymns of your praise one attains Lord Rāma, and all his afflictions and sorrows of different lifetimes disappear. After his death, O Hanumāna, he reaches the abode of Lord Rāma. If he is ever born again, he will be considered and called the devotee of Divine Lord.

और देवता चित्त ना धरई

हनुमत सेइ सर्व सुख करई

संकट कटै मिटै सब पीरा

जो सुमिरै हनुमत बल बीरा

Aur Devtā Chitt Nā Dharaī

Hanumat Sei Sarv Sukh Karaī

Sankat Katai Mitai Sab Pīrā

Jo Sumirai Hanumat Bal Bīrā

There is no need to serve any other deity, each happiness and joys of life (comforts) come to the person, who sincerely devotes his or her life to Hanumāna Ji. (This is true, in the sense that in whatever form you love God, stick to that – without discouraging other's preference). All the crises come to an end, and all the sorrows vanish for the one who remember in each breath Hanumāna – the strong warrior.

जय जय जय हनुमान गोसाई

कृपा करहु गुरुदेव की नाई

जो सत बार पाठ कर कोई

छुटहि बंदी महासुख होई

Jay Jay Jay Hanumāna Gosāī

Kripa Karahu Gurudev Kī Nāī

Jo Sat Bār Pāth Kar Koī

Cchutahi Bandi Mahāsukh Hoī

Victory, Victory, Victory to you O Hanumāna, the master of all, please bestow your grace upon us all as a Guru, the spiritual master, does. Whoever chants hundred times the name of Hanumāna with truthfulness, becomes frī from bondage and gains the ultimate bliss.

जो यह पढ़ै हनुमान चालीसा

होय सिद्धि साखी गौरीसा

तुलसीदास सदा हरि चेरा

किजै नाथ हृदय महँ डेरा

Jo Yeh Padai Hanumāna Chālīsā

Hoy Sidhi Sākhi Gaurīsā

Tulsidāsa Sadā Hari Cherā

Kijai Nāth Hriday Mahan Derā

Whoever reads Hanumāna Chālisa, the sacred ode of Hanumāna, with whole heart, becomes a wise sage and all his works manifest, Lord Shiva is the witness to it. May you, please O Hanumāna, reside forever in the heart of Tulsidāsa – the eternal servant of Divine Lord.

दोहा - पवनतनय संकट हरन,

मंगल मूरति रूप

राम लखन सीता सहित,

हृदय बसहु सुरभूप

Pavantanay Sankat Haran,

Mangal Mūrti Rūp

Rāma Lakhan Sītā Sahit,

Hriday Basahu Surbhūp

O Son of Lord of Wind, Vanquisher of Dangers. The embodiment of Auspiciousness (Good luck). Please may you reside in my heart, O Celestial Lord, along with Lord Rāma, Mā Sītā, and Lakshman Ji.

संकट मोचन हनुमान अष्टक

Sankat Mochan Hanumāna Ashtak

बाल समय रवि भक्षि लियो तब,

तीनहुँ लोक भयो अँधियारो

ताहि सों त्रास भयो जग को,

यह संकट काहु सों जात ना टारो

Bāl Samay Ravi Bhakshi Liyo Tab,

Tīnhun Lok Bhayo Andhiyāro

Tāhi Son Trās Bhayo Jag Ko,

Yeh Sankat Kāhu Son Jāt Nā Tāro

When you were just a child, you leapt towards the sun and devoured it (as if it were some fruit), and all around the three worlds – earth, heaven and netherworld - went dark. And everyone ran in panic and fear, questioning: how and why no one is able to save us from this danger that has fallen upon us?

देवन आनी करी बिनती तब,

छांड़ि दियो रवि कष्ट निवारो।

को नहीं जानत है जग में कपि,

संकट मोचन नाम तिहारो॥1॥

Devan Āni Kari Bintī Tab,

Cchanrhi Diyo Ravi Kasht Nivāro

Ko Nahin Jānat Hai Jag Mein Kapi,

Sankat Mochan Nām Tihāro

Then the gods have come to you and prayed, and listening to them, you let the Sun go, so that everyone got relieved from their pains. Who in the world does not know that you are the one who removes their sorrows.

बालि की त्रास कपीस बसै गिरी,

जात महाप्रभु पंथ निहारो

चौंकि महामुनि साप दियो तब,

चाहिए कौन बिचार बिचारो

Bāli Kī Trās Kapīs Basai Girī,

Jāt Mahaprabhu Panth Nihāro

Chaunki Mahāmuni Sāp Diyo Tab,

Chāhiye Kaun Bichār Bichāro

Fearing Bāli, the king of all monkeys Sugrīva hid in a mountain, from where Lord Rāma and Lakshman were passing by. Since the great saint in anger and in offense cursed Bāli so he can't enter in this forest and mountain, he (Sugrīva) asked you, Hanumāna, to look and ask them: "Then, whom are you searching?"

कै द्विज रूप लिवाय महाप्रभु,

सो तुम दास के सोक निवारो

को नहीं जानत है जग में कपि,

संकट मोचन नाम तिहारो

Kai Dvij Rūp Livāye Mahaprabhu,

So Tum Dās Ke Sok Nivāro

Ko Nahin Jānat Hai Jag Mein Kapi,

Sankat Mochan Nām Tihāro

By taking the form of a sage, you met and brought Lord Rāma and Lakshman with you to meet Sugrīva, in this way you cleared his worries and doubts and griefs as you for all your devotees. (Furthermore, you with help of Lord Rāma and Laksman aided to gain Sugrīva's kingdom back from Bāli). Who in the world does not know that you are called the eradicator of peril (danger).

अंगद के संग लेन गए सिय,

खोज कपीस यह बैन उचारो

जीवत न बचिहौ हम सों जु,

बिना सुधि लाए इहाँ पगु धारो

Angad Ke Sang Len Gaye Siay,

Khoj Kapīs Yeh Bain Uchāro

Jīvat Na Bachihau Ham Son Ju,

Binā Sudhi Lāye Ihān Pagu Dhāro

When you along with Angad and his friends went in the search of Mā Sītā, the king of the monkeys – Sugrīva – warned you all: "If you come back without any news about the whereabouts of Mā Sītā, you will not see tomorrow's dawn (in other words, you won't live)."

हेरी थके तट सिंधु सबै तब,

लाए सिया सुधि प्राण उबारो

को नहीं जानत है जग में कपि,

संकट मोचन नाम तिहारो

Heri Thake Tat Sindhu Sabai Tab,

Lāye Siyā Sudhi Prān Ubāro

Ko Nahin Jānat Hai Jag Mein Kapi,

Sankat Mochan Nām Tihāro

After all the efforts, when everyone was tired and sat on the shore of ocean, then you, O Hanumāna, brought back the news of Mā Sītā's well-being, and saved the lives of your friends. Who in the world does not know that you are everyone's saviour from dangers.

रावण त्रास दई सिय को सब,

राक्षसि सों कही सोक निवारो

ताहि समय हनुमान महाप्रभु,

जाए महा रजनीचर मारो

Rāvana Trās Daī Siay Ko Sab,

Rākshasi Son Kahi Sok Nivāro

Tāhi Samay Hanumāna Mahāprabhu,

Jāye Mahā Rajnīchar Māro

When Rāvana was tormenting Mā Sītā with all the methods and was trying to convince her by saying: "All your sorrows would end if you accepted to be my wife and become a demon-queen." At that moment, you, o brave lord Hanumāna, went there and killed many great demons.

चाहत सिय असोक सों आगि सु,

दै प्रभु मुद्रिका सोक निवारो

को नहीं जानत है जग में कपि,

संकट मोचन नाम तिहारो

Chāhat Siay Asok Son Āgi Su,

Dai Prabhu Mudrikā Sok Nivāro

Ko Nahin Jānat Hai Jag Mein Kapi,

Sankat Mochan Nām Tihāro

And when Mā Sītā wanted to burn herself away in the grove called Ashoka-Vātikā, you gave her the ring of Lord Rāma, her husband, and soothed her heart from grief. Who in the world does not know that you are the one who eradicates everyone's pain.

बान लग्यो उर लछिमन के तब,

प्राण तजे सुत रावण मारो

लै गृह बैद्य सुषेण समेत,

तबै गिरी द्रोण सु बीर उपारो

Bān Lagyo Ur Lacchiman Ke Tab,

Prān Taje Sut Rāvana Māro

Lai Grah Baiday Sushen Samet,

Tabai Girī Dron Su Bīr Upāro

Meghnāda, the son of Ravān – the demon king, shot a life-taking arrow at Lakshman's heart, and he (Lakshman) was on the edge of dying. You brought the house along with the physician Sushen to have him checked, and on his suggestion – you brought the entire Drona hill uprooting it from Himalaya.

आनि सजीवन हाथ दिए तब,

लछिमन के तुम प्राण उबारो

को नहीं जानत है जग में कपि,

संकट मोचन नाम तिहारो

Āni Sajīvan Hāth Diye Tab,

Lacchiman Ke Tum Prān Ubāro

Ko Nahin Jānat Hai Jag Mein Kapi,

Sankat Mochan Nām Tihāro

Returning back at the shore, you gave the life-giving herbs (Sanjīvan) to cure Lakshman's wound and so saved his life. Who on the earth does not know that you are the saviour of everyone's life.

रावण युद्ध अजान कियो तब

नाग की फाँस सर डारो

श्री रघुनाथ समेत सबै दल,

मोह भयो यह संकट भारो

Rāvana Yudh Ajān Kiyo Tab,

Nāg Kī Phāns Sar Dāro

Shri Raghunāth Samet Sabai Dal,

Moh Bhayo Yeh Sankat Bhāro

Rāvana by fraud at night attacked the camp of Lord Rāma, by releasing the snakes from their pits to breathe venom on them. And all the soldiers and army along with Lord Rāma were in peril and were getting unconscious.

आनि खगेस तबै हनुमान जु,

बंधन काटि सुत्रास निवारो

को नहीं जानत है जग में कपि,

संकट मोचन नाम तिहारो

Āni Khages Tabai Hanumāna Ju,

Bandhan Kāti Sutrās Nivāro

Ko Nahin Jānat Hai Jag Mein Kapi,

Sankat Mochan Nām Tihāro

Then you, O Hanumāna, came back with Garuda – the divine eagle – and he released everyone from the fangs of the snakes and saved everyone's life. Who in the world does not know that you are the rescuer of everyone's life.

बंधु समेत जबै अहिरावण,

लै रघुनाथ पाताल सिधारो

देविहिं पूजि भली विधि सों बलि,

देउ सबै मिलि मंत्र विचारो

Bandhu Samet Jabai Ahirāvana,

Lai Raghunāth Pātāl Sidhāro

Devihin Pūji Bhali Vidhi Son Bāli,

Deu Sabai Mili Mantr Vichāro

When Ahirāvana (also known as MAhirāvana), the brother of Rāvana, took Lord Rāma along with his brother Lakshman in the netherworld. And he was thinking about to give them as human-sacrifice to the Goddess, whom he invoked in accordance with rite and ritual.

जाए सहाए भयो तब ही,

अहिरावण सैन्य समेत संहारो

को नहीं जानत है जग में कपि,

संकट मोचन नाम तिहारो

Jāye Sahāye Bhayo Tab Hī,

Ahirāvana Sainay Samet Sanhāro

Ko Nahin Jānat Hai Jag Mein Kapi,

Sankat Mochan Nām Tihāro

At that very moment, you went and helped rescuing Lord Rāma and Lakshman, by killing Ahirāvana and all his army. Who in the world does not know that you are the one who always helps when everyone's in danger.

काज किए बड़ देवन के तुम,

वीर महाप्रभु देखि बिचारो

कौन सो संकट मोर गरीब को,

जो तुमसो नहिं जात है टारो

Kāj Kiye Barh Devan Ke Tum,

Vīr Mahāprabhu Dekhi Bichāro

Kaun So Sankat Mor Garīb Ko,

Jo Tumso Nahin Jāt Hai Tāro

You helped to complete the mission of all great saints and gods, including Lord Rāmaa. Now, O warrior, O great lord Hanumāna, sī and watch which peril of mine, your humble devotee, is not possible for you to save me from.

बेगि हरो हनुमान महाप्रभु,

जो कछु संकट होए हमारो।

को नहीं जानत है जग में कपि,

संकट मोचन नाम तिहारो

Begi Haro Hanumāna Mahāprabhu,

Jo Kacchu Sankat Hoye Hamāro

Ko Nahin Jānat Hai Jag Mein Kapi,

Sankat Mochan Nām Tihāro

O great Lord Hanumāna, please eradicate fast all the dangers and sorrows of mine. Who in the world does not know that you are the one who protects us all from sorrows.

दोहा - लाल देह लाली लसे,

अरु धरि लाल लंगूर

बज्र देह दानव दलन,

जय जय जय कपि सूर

Lāl Deh Lāli Lase,

Aru Dhari Lāl Langūr

Vajra Deh Dānav Dalan,

Jay Jay Jay Kapi Sūr

You are of golden-sun-hue skin, then dyed yourself with vermilion of divine love, and you wear red coloured clothes, O Monkey God. You are strong as diamond, and destroyer of demons, Victory, Victory, Victory to you, O Divine Monkey.

GUJARĀTI – FRANÇAIS

લોકાભિરામં રણરંગધીરં
રાજીવનેત્રં રઘુવંશનાથં
કારુણ્યરૂપં કરુણાકરંતં
શ્રીરામચન્દ્રં શરણં પ્રપદ્યે

Lokābhirāma Ranrangdhīram
Rājīvnetram Raghuvanshnātham
Kārunyrupam Karunākaratam
Shrīrāmachandram Sharanam Prapadye

Je me réfugie dans les pieux pieds du Seigneur Rāma, celui qui est aimé par les gens, celui qui reste calme pendant la bataille, celui qui a les yeux de lotus, celui qui est le Roi de la dynastie Raghu, celui qui est la Compassion lui-même, et celui qui prodigue de la propre bienveillance pour tous les *êtres*.

દોહા - શ્રી ગુરુ ચરણ સરોજ રજ, નિજ મનુ મુકુરુ સુધારિ

બરનઉ રઘુબર બિમલ જસુ, જો દાયકુ ફળ ચારિ

બુદ્ધિહીન તનુ જાનિકે, સુમિરૌં પવન કુમાર

બલ બુદ્ધિ વિદ્યા દેહુ મોહિં, હરહુ કલેસ બિકાર

Shri Guru Charan Saroj Raj, Nij Manu Mukuru Sudhāri

Barnau Raghubar Bimal Jasu, Jo Dāyaku Phal Chāri

Budhihīn Tanu Jānike, Sumiraun Pavan Kumār

Bal Budhi Vidyā Dehu Mohin, Harhu Kales Bikār

Après avoir purifié mon esprit avec la poudre des pieds de lotus de mon Maître Spirituel, je chante les louanges du Seigneur Rāma, le Roi de la dynastie Raghu, celui qui nous donne les quatre fruits de la vie. Tu sais déjà que je suis dépourvu d'intelligence et suis faible du corps. Donc, je vous prie, O prince de dieu Vent, de m'accorder la sagesse e la force ; et je vous supplie d'éliminer mon chaque défaut et d'éloigner mes souffrances.

ચૌપાઈ - જય હનુમાન જ્ઞાન ગુન સાગર,

જય કપિસ તિહુઁ લોક ઉજાગર

રામદૂત અતુલિત બલ ધામા,

અંજનિ પુત્ર પવનસુત નામા

Jai Hanumāna Gyān Gun Sāgar

Jai Kapis Tihun Lok Ujāgar

Rāmadut Atulit Bal Dhāmā

Anjani Putr Pavansut Nāmā

Victoire à Hanumāna, celui qui est un trésor immense de la sagesse et de la vertu. Victoire à Roi des hommes-singe, celui qui est connu dans tous les trois mondes. Ô ambassadeur du Dieu Rāmaa, tu es un trésor d'une force et d'un pouvoir sans pareils. Tu es le fils de Anjanā, et tu es aussi surnommé le fils de dieu Vent.

મહાવીર વિક્રમ બજરંગી

કુમતિ નિવાર સુમતિ કે સંગી

કંચન બરણ બિરાજ સુવેસા

કાનન કુંડળ કુંચિત કેસા

Mahavīr Vikram Bajrangi

Kumati Nivār Sumati Ke Sangi

Kanchan Baran Birāj Subesā

Kānan Kundal Kunchit Kesā

Tu es un guerrier vaillant, majestueux et fort comme le diamant. Tu libères nos esprits de la malice et de la négativité, pendent que tu nous secours à instiller les valeurs purs et l'honnêteté dans notre cœur. Ta carnation est dorée, et tu es orné avec des plus beaux vêtements ; tu portes des boucles d'oreilles pesants et les cheveux courts et bouclés.

હાથ વજ્ર ઔર ધ્વજા બિરાજૈ

કાંધે મુંજ જનેઊ સાજૈ

સંકર સુવન કેસરિ નંદન

તેજ પ્રતાપ મહા જગ વંદન

Hāth Vajra Aur Dvajā Birājai

Kāndhe Munj Janeu Sājai

Sankar Suvan Kesari Nandan

Tej Pratāp Mahā Jag Vandan

Dans tes mains tu tiens la massue de foudre et la bannière ; un sacre fil, fait d'herbe de munja, embellit ton épaule. Tu es l'incarnation du Dieu Shiva et tu es la joie des yeux de Kesari ; Ton courage et ta gloire sont exaltés en tout le cosmos.

વિદ્યાવાન ગુનિ અતિ ચાતુર

રામ કાજ કરિબે કો આતુર

પ્રભુ ચરિત્ર સુનિબે કો રસિયા

રામ લખન સીતા મન બસિયા

Vidyāvān Guni Ati Chātur

Rāma Kāj Karibe Ko Ātur

Prabhu Charitr Sunibe Ko Rasiyā

Rāma Lakhan Sītā Man Basiyā

Tu es le plus intelligent, et plein de vertu ; et tu détiens une grande quantité de savoir. Tu es toujours prêt à accomplir les actes héroïques au service de Dieu Rāma : c'est-à-dire, tu es toujours prêt à l'aider. Tu aimes écouter les contes des péripéties du Seigneur Rāma. Et Dieu Rāma, Mā Sītā, et Lakshman résident dans ton cœur pur.

સૂક્ષ્મ રૂપ ધરિ સિયહિ દિખાવા

વિકટ રૂપ ધરિ લંક જરાવા

ભીમ રૂપ ધરિ અસુર સંહારે

રામચંદ્ર કે કાજ સંવારે

Suksham Roop Dhari Siyahi Dikhāvā

Vikat Roop Dhari Lank Jarāvā

Bhīm Roop Dhari Asur Sanhāre

Rāmachandra Ke Kāj Sanvāre

En devenant un nain tu es apparu devant Mā Sītā, en devenant un géant tu as mis la ville de Lanka à feu. Et puis, en prenant la forme colossale et effrayante tu as vaincu et tu as anéanti nombreux démons de Lanka. Ainsi, tu as achevé les tâches pour le Seigneur Rāma.

લાયે સજીવન લખન જિયાયે

શ્રી રઘુવીર હરષિ ઉર લાયે

રઘુપતિ કિનહી બહુત બડાઈ

તુમ મમ પ્રિય ભરતહિ સમ ભાઈ

Lāye Sajīvan Lakhan Jiyāye

Shri Raghuvīr Harshi Ur Lāye

Raghupati Kīnhi Bahut Barhāi

Tum Mam Priy Bharat Sam Bhāi

Tu as porté les herbes magiques, que raniment l'âme, à sauver la vie de Lakshman. Donc, Dieu Rāma te prit dans ses bras, t'en louangeant et t'en complimentant. Et Il te dit : « Tu m'es aussi cher que mon frère Bharat ».

સહસ બદન તુમ્હરો જસ ગાવૈં

અસ કહિ શ્રીપતિ કંઠ લગાવૈં

સનકાદિક બ્રહ્માદિ મુનિસા

નારદ સારદ સહિત અહિસા

Sahas Badan Tumharo Jas Gāvain

As Kahi Shripati Kanth Lagāvain

Sankādik Brahmādi Munisā

Nārad Sārad Sahit Ahisā

« Milliers de bouches chantent ta gloire et chanteront nuit et jour, » dit Sage Seigneur Rāma, et te pris dans ses bras en pleurant de joie. Les fils nés par l'esprit de Dieu Brahmâ – Sanak, Sanandan, Sanatan et Sanatkumār, Dieu Brahmâ soi-même et autres dieux et sages ; sage Nārad, Mère Sārada, avec Ahisā – le serpent aux mille têtes.

જમ કુબેર દિગપાલ જહાં તે

કવિ કોવિદ કહિ સકે કહાં તે

તુમ ઉપકાર સુગ્રીવહિં કીન્હા

રામ મિલાયે રાજપદ દીન્હા

Jam Kuber Digpāl Jahān Te

Kavi Kovid Kahi Sake Kahān Te

Tum Upkār Sugrīvahin Kīnhā

Rāma Milāye Rājpad Dīnha

Yamarāj, Kuber, les gardiens de palais divins, les poètes et les écoliers de toute la terre aussi chantent tes gloires, que sont impossibles à décrire. Tu as fait une faveur pour Sugrīva, le roi des hommes-singe. En fait, tu l'as fait devenir ami avec Dieu Rāma, celui-qui a aidé Sugrīva à reconquérir son royaume de son mauvais frère Bāli.

તુમ્હરો મંત્ર વિભીષણ માના

લંકેશ્વર ભયે સબ જગ જાના

જુગ સહસ્ત્ર જોજન પર ભાનૂ

લીલ્યો તાહિ મધુર ફલ જાનૂ

Tumharo Mantr Vibhishan Mānā

Lankeshvar Bhaye Sab Jag Jānā

Jug Sahastr Jojan Par Bhānū

Līlyo Tāhi Madhur Phal Jānū

Vibhishan, le frère de roi-démon Rāvana, écouta tes conseils et, comme tout le monde aujourd'hui sait, il devint le monarque de Lanka. Le soleil qu'est à milliers et milliers de kilomètres lointain, [quand tu étais un enfant] tu l'avais avalé l'en considérant un fruit exquis.

પ્રભુ મુદ્રિકા મેલિ મુખ માહીં

જલધિ લાંઘિ ગયે અચરજ નાહીં

દુર્ગમ કાજ જગત કે જેતે

સુગમ અનુગ્રહ તુમ્હરે તેતે

Prabhu Mudrikā Meli Mukh Māhin

Jaldhi Lānghi Gaye Achraj Nāhin

Durgam Kāj Jagat Ke Jete

Sugam Anugrah Tumhre Tete

En mettant la bague de mariage du Seigneur Rāma, tu sautas au-dessus de l'océan en atteignant l'île de Lanka, et de ce il n'y a rien de quoi s'étonner. Quoique soient difficiles les prouesses et les taches, toutes se déroulent facilement grâce à ta bienveillance et grâce à ton aide.

રામ દુઆરે તુમ રખવારે।

હોત ન આજ્ઞા બિનુ પૈસારે॥21॥

સબ સુખ લહૈ તુમ્હારી સરના

તુમ રક્ષક કાહૂ કો ડરના

Rāma Duāre Tum Rakhvāre

Hot Na Āgya Binu Paisāre

Sab Sukh Lahai Tumhāri Sarnā

Tum Rakshak Kāhū Ko Darnā

Tu gardes les portes de la demeure de Dieu Raam, sans ta permission nul ne peut franchir ses seuils (en d'autres termes, Hanumāna Ji nous soumet à l'épreuve pour vérifier nos intentions et la pureté de notre esprit, avant de nous laisser voir le Dieu Raam). En se réfugiant dans tes pieds (cet acte veut dire que tu es vraiment humble de cœur), on obtient toutes les bonheurs divins. Si tu es le protecteur de nous tous, pourquoi nous devrions craindre ?

આપન તેજ સમ્હારો આપૈ

તીનોં લોક હાંકતે કાઁપૈ

ભૂત પિશાચ નિકટ નહિં આવૈ

મહાવીર જબ નામ સુનાવૈ

Āpan Tej Samhāro Āpai

Tīnon Lok Hankte Kāmpai

Bhūt Pishāch Nikat Nahin Āvai

Mahavīr Jab Nām Sunāvai

Rien que tu peux nous protéger de ta force même, tous les trois mondes tremblent devant toi quand tu rugis (à savoir, Hanumāna Ji est tellement puissant que nul n'ose le défier). Les fantômes et les démons ne s'approchent de nous, lorsqu'ils entendent que nous sommes en train de réciter ton nom divin, O Mahaveer.

નાસૈ રોગ હરે સબ પીરા

જપત નિરંતર હનુમત બીરા

સંકટ તે હનુમાન છુડાવૈ

મન ક્રમ વચન ધ્યાન જો લાવૈ

Nāsai Rog Hare Sab Pīrā

Japat Nirantar Hanumat Bīrā

Sankat Te Hanumāna Cchurāvai

Man Kram Vachan Dhyān Jo Lāvai

Lorsque nous récitons le nom de Hanumāna, le guerrier valeureux, tous nos maladies se détruisent et toutes les souffrances guérissent. Quiconque médite avec un cœur pur, avec les mots purs et au moyen de ses actions (c'est-à-dire, les actions doivent être sincères et conformés à ce qu'on sermonne), Hanumāna Ji le protège de tous les chagrins.

સબ પર રામ તપસ્વી રાજા

તિનકે કાજ સકલ તુમ સાજા

ઔર મનોરથ જો કોઈ લાવૈ

સોઈ અમિત જીવન ફલ પાવૈ

Sab Par Rāma Tapasvi Rājā

Tinke Kāj Sakal Tum Sājā

Aur Manorath Jo Koī Lāvai

Soī Amit Jīvan Phal Pāvai

Le Seigneur Rāma, un majestueux roi-ermite, gouverne et protège tous, et cependant tu – comme un vrai fidèle et frère – l'as aidé à accomplir toutes ses prises. Et quand quelqu'un vient et demande n'importe quel désir du cœur à toi, tu lui donnes le fruit qu'est éternel à perpétuité.

ચારોં જુગ પરતાપ તુમ્હારા

હૈ પ્રસિદ્ધ જગત ઉજિયારા

સાધુ સંત કે તુમ રખવારે

અસુર નિકંદન રામ દુલારે

Chāron Jug Partāp Tumhārā

Hai Prasidh Jagat Ujiyārā

Sādhu Sant Ke Tum Rakhvāre

Asur Nikandan Rāma Dulāre

Ta magnificence et splendeur se diffuse à travers toutes les quatre âges, et ta gloire est bien connue en tous lieux. Tu es le protecteur des sages et des saints ; et tu es celui qui anéantit le mal et les démons ; e tu es très cher à Dieu Rāma.

અષ્ટ સિદ્ધિ નૌ નિધિ કે દાતા

અસ બર દીન જાનકી માતા

રામ રસાયન તુમ્હરે પાસા

સદા રહો રઘુપતિ કે દાસા

Asht Sidhi Nau Nidhi Ke Dātā

As Bar Dīn Jānki Mātā

Rāma Rasāyan Tumhre Pāsā

Sadā Raho Raghupati Ke Dāsā

Mère Jaanaki t'a béni avec le don pour donner les huit pouvoirs supranaturels et les neuf sortes de richesses à lui qui se réfugie dans tas protection. Tu sais l'essence de la dévotion de Dieu Rāma ; c'est-à-dire, de rester toujours comme pieux fidèle et servant du Roi de la dynastie Raghu.

તુમ્હરે ભજન રામ કો પાવૈ

જનમ જનમ કે દુઃખ બિસરાવૈ

અંત કાલ રઘુવર પુર જાઈ

જહાં જનમ હરિ ભક્ત કહાઈ

Tumhare Bhajan Rāma Ko Pāvai

Janam Janam Ke Dukh Bisrāvai

Ant Kāl Raghubar Pur Jāi

Jahān Janam Hari Bhakt Kahāi

En chantant les hymnes de ton éloge on obtient Dieu Rāma ; e toutes les souffrances de toute la vie disparaissent. Et après la mort de ton fidèle, O Hanumāna, il atteint le siège de Dieu Rāma (le paradis éternel). Si jamais il doive renaître sur la terre, il sera connu comme le fidèle du Seigneur Divin.

ઔર દેવતા ચિત્ત ના ધરઈ

હનુમત સેઇ સર્વ સુખ કરઈ

સંકટ કટૈ મિટૈ સબ પીરા

જો સુમિરૈ હનુમત બલ બીરા

Aur Devtā Chitt Nā Dharaī

Hanumat Sei Sarv Sukh Karaī

Sankat Katai Mitai Sab Pīrā

Jo Sumirai Hanumat Bal Bīrā

Celui qui, n'en servant pas les autres divinités, se voue du fond du cœur à ta dévotion, O Hanumāna, reçoit toutes les joies et les conforts de la vie par toi comme un cadeau. [C'est vrai, c'est-à-dire si une personne aime une forme divine quelconque, doit rester fidèle à quelle forme – sans démoraliser les autres personnes qui préfèrent une forme divine différente de la tienne]. Celui qui avec chaque pulsation de cœur se souvient de Hanumāna Ji, le valeureux guerrier, toutes ses difficultés spirituelles et mondaines s'éclipsent.

જય જય જય હનુમાન ગોસાઈ

કૃપા કરહુ ગુરુદેવ કી નાઈ

જો સત બાર પાઠ કર કોઈ

છુટહિ બંદી મહાસુખ હોઈ

Jay Jay Jay Hanumāna Gosāi

Kripa Karahu Gurudev Kī Nāī

Jo Sat Bār Pāth Kar Koī

Cchutahi Bandi Mahāsukh Hoī

Victoire, Victoire, Victoire à toi, O Hanumāna, le maître de tout le monde, veuillez de prodiguer de ta bienveillance à tous comme un Guru – le maître spirituel. Quiconque chante cent fois et plus le nom de Hanumāna en toute bonne foi, il se libère des liens de l'égoïsme et il atteint la plus grande béatitude.

જો યહ પડૈ હનુમાન ચાલીસા

હોય સિદ્ધિ સાખી ગૌરીસા

તુલસીદાસ સદા હરિ ચેરા

કિજૈ નાથ હૃદય મહઁ ડેરા

Jo Yeh Padai Hanumāna Chālīsā

Hoy Sidhi Sākhi Gaurīsā

Tulsidāsa Sadā Hari Cherā

Kijai Nāth Hriday Mahan Derā

Quiconque lit Hanumāna Chālisā, l'ode sacrée de Hanumāna, avec tout son cœur devient un sage e tous les désirs se manifestent, dont Dieu Shiva est le suprême témoin. O Hanumāna, viens-toi à demeurer dans le cœur de Tulsidās, qui est le sincère servant de Dieu Rāma de toute éternité.

દોહા - પવનતનય સંકટ હરન,

મંગલ મૂરતિ રૂપ

રામ લખન સીતા સહિત,

હ્રદય બસહુ સુરભૂપ

Pavantanay Sankat Haran,

Mangal Mūrti Rūp

Rāma Lakhan Sītā Sahit,

Hriday Basahu Surbhūp

O Fils du Seigneur du Vent, le Libérateur de dangers. L'incarnation de l'Auspice (Bonne Fortune). Je vous prie, O Seigneur des dieux, demeure-toi dans mon cœur avec Dieu Rāma, Maa Sītā, e Lakshman Ji.

સંકટ મોચન હનુમાન અષ્ટક

Sankat Mochan Hanumāna Ashtak

બાલ સમય રવિ ભક્ષિ લિયો તબ,

તીનહું લોક ભયો અંધિયારો

તાહિ સોં ત્રાસ ભયો જગ કો,

યહ સંકટ કાહુ સોં જાત ના ટારો

Bāl Samay Ravi Bhakshi Liyo Tab,

Tīnhun Lok Bhayo Andhiyāro

Tāhi Son Trās Bhayo Jag Ko,

Yeh Sankat Kāhu Son Jāt Nā Tāro

Quand tu étais encore un gamin, tu sautas vers le soleil e l'avalas (en considérant un fruit), et dans les trois mondes – la terre, le paradis et les enfers – il se fit sombre. Alors, tout le monde s'était effrayé et courut çà et là en demandant : « pourquoi aucune ne nous sauve de ce danger ? »

દેવન આની કરી બિનતી તબ,

છાંડિ દિયો રવિ કષ્ટ નિવારો

કો નહીં જાનત હૈ જગ મેં કપિ,

સંકટ મોચન નામ તિહારો

Devan Āni Kari Bintī Tab,

Cchanrhi Diyo Ravi Kasht Nivāro

Ko Nahin Jānat Hai Jag Mein Kapi,

Sankat Mochan Nām Tihāro

À ce moment-là, les dieux vinrent chez toi et te supplièrent, et tu en ayant écouté leur requête, tu laissas aller le Soleil, et tout le monde se rétablirent des leurs souffrances. Qui ne sais pas dans le monde que tu éloignes nos chagrins.

બાલિ કી ત્રાસ કપીસ બસૈ ગિરી,

જાત મહાપ્રભુ પંથ નિહારો

ચૌંકિ મહામુનિ સાપ દિયો તબ,

ચાહીએ કૌન બિચાર બિચારો

Bāli Kī Trās Kapīs Basai Girī,

Jāt Mahaprabhu Panth Nihāro

Chaunki Mahāmuni Sāp Diyo Tab,

Chāhiye Kaun Bichār Bichāro

Par peur de Bāli, le roi des homme-singes -Sugrīva- se cacha dans la colline, par où Seigneur Rama et Lakshman étaient en train de marcher. Et parce que Bāli lui-même non pouvait entrer dans la forêt et la montagne en raison de la malédiction donnée par un grand saint, Sugrīva demanda à toi, O Hanumāna, d'aller voir et demander à eux : « Qui cherchez-vous ? »

કૈ દ્વિજ રૂપ લિવાય મહાપ્રભુ,

સો તુમ દાસ કે સોક નિવારો

કો નહીં જાનત હૈ જબ મેં કપિ,

સંકટ મોચન નામ તિહારો

Kai Dvij Rūp Livāye Mahaprabhu,

So Tum Dās Ke Sok Nivāro

Ko Nahin Jānat Hai Jag Mein Kapi,

Sankat Mochan Nām Tihāro

En prenant la forme d'un sage tu as rencontré Seigneur Rāma et l'as emmené, avec son frère Lakshman, devant Sugrīva. Ainsi, tu as clarifié ses doutes, ses peurs e ses souffrances, comme tu as toujours fait pour tes fidèles et tes amis. [En outre, tu as, avec l'aide du Dieu Rāma e Lakshman, regagné le royaume de Sugrīva, en écrasant Bāli. Qui ne sais pas dans le monde que tu éloignes nos chagrins.

અંગદ કે સંગ લેન ગએ સિય,

ખોજ કપીસ યહ બૈન ઉચારો

જીવત ન બચિહૌ હમ સોં જુ,

બિના સુધિ લાએ ઇહાઁ પગુ ધારો

Angad Ke Sang Len Gaye Siay,

Khoj Kapīs Yeh Bain Uchāro

Jīvat Na Bachihau Ham Son Ju,

Binā Sudhi Lāye Ihān Pagu Dhāro

Pendant que tu avec Angad et ses amis étiez sur le point d'aller en quête de Mā Sītā, Sugrīva vous prévint, « Si vous rentrez sans aucune nouvelle concernant Mā Sītā, vous ne verrez le lendemain (c'est-à-dire je vous condamnerai à mort comme punition). »

હેરી થકે તટ સિંધુ સબૈ તબ,

લાએ સિયા સુધિ પ્રાણ ઉબારો

કો નહીં જાનત હૈ જગ મેં કપિ,

સંકટ મોચન નામ તિહારો

Heri Thake Tat Sindhu Sabai Tab,

Lāye Siyā Sudhi Prān Ubāro

Ko Nahin Jānat Hai Jag Mein Kapi,

Sankat Mochan Nām Tihāro

Quand tous, après tous les efforts, s'étaient fatigués e s'étaient assis en bord d'océan, à-ce-moment-là tu, O Hanumāna, rentras et rapporta les nouvelles à propos de bien-être de Mā Sītā, et sauvas les vies de tes amis. Qui ne sais pas dans le monde que tu éloignes nos chagrins.

રાવણ ત્રાસ દઈ સિય કો સબ,

રાક્ષસી સોં કહી સોક નિવારો

તાહિ સમય હનુમાન મહાપ્રભુ,

જાએ મહા રજનીચર મારો

Rāvana Trās Daī Siay Ko Sab,

Rākshasi Son Kahi Sok Nivāro

Tāhi Samay Hanumāna Mahāprabhu,

Jāye Mahā Rajnīchar Māro

Alors que Rāvana était en train de torturer Mā Sītā de toute manière, e en cherchant à le convaincre dit : « Tous tes problèmes, toutes tes souffrances finiront, si seulement tu acceptes d'être ma femme et de devenir ma reine-démon. » À-ce-moment-là, tu, o courageux Hanumāna, allas et massacras beaucoup de valeureux démons.

ચાહત સિય અસોક સોં આગિ સુ,

દૈ પ્રભુ મુદ્રિકા સોક નિવારો

કો નહીં જાનત હૈ જગ મેં કપિ,

સંકટ મોચન નામ તિહારો

Chāhat Siay Asok Son Āgi Su,

Dai Prabhu Mudrikā Sok Nivāro

Ko Nahin Jānat Hai Jag Mein Kapi,

Sankat Mochan Nām Tihāro

Et quand Mā Sītā voulait s'immoler par le feu sur un bucher dans le jardin appelé Ashoka-Vātikā, tu lui remis la bague de foi du Seigneur Rāma, son mari (c'est-à-dire de Mā Sītā), et ainsi tu apaisas la douleur de son cœur. Qui ne sais pas dans le monde que tu éloignes nos chagrins.

બાન લગ્યો ઉર લછિમન કે તબ,

પ્રાણ તજે સુત રાવણ મારો

લૈ ગૃહ બૈદ્ય સુષેન સમેત,

તબૈ ગિરી દ્રોણ સુ બીર ઉપરો

Bān Lagyo Ur Lacchiman Ke Tab,

Prān Taje Sut Rāvana Māro

Lai Grah Baiday Sushen Samet,

Tabai Girī Dron Su Bīr Upāro

Meghnāda, le fils de Rāvana, lança une flèche empoisonnée et blessa Lakshman, qui était près de mourir. Tu portas le médecin Sushen à le faire examiner, et d'après son conseil, tu avais porté l'entière colline Drona, l'en arrachant de l'Himalaya.

આનિ સજીવન હાથ દિએ તબ,

લછિમન કે તુમ પ્રાણ ઉબારો

કો નહીં જાનત હૈ જગ મેં કપિ,

સંકટ મોચન નામ તિહારો

Āni Sajīvan Hāth Diye Tab,

Lacchiman Ke Tum Prān Ubāro

Ko Nahin Jānat Hai Jag Mein Kapi,

Sankat Mochan Nām Tihāro

En volant, tu es retourné à la rive d'océan, et tu remis la plante magique et médicinale (Sanjeevan) à Sushen afin qu'il guérît la blessure de Lakshman, et tellement tu sauvas sa vie. Qui ne sais pas dans le monde que tu éloignes nos chagrins.

રાવણ યુદ્ધ અજાન કિયો તબ,

નાગ કી ફઁાસ સિર ડારો

શ્રી રઘુનાથ સમેત સબૈ દલ,

મોહ ભયો યહ સંકટ ભારો

Rāvana Yudh Ajān Kiyo Tab,

Nāg Kī Phāns Sar Dāro

Shri Raghunāth Samet Sabai Dal,

Moh Bhayo Yeh Sankat Bhāro

Le frauduleux Rāvana attaqua pendant la nuit le camp de Seigneur Rāma, en lançant la flèche magique d'où les serpents sortirent et commencèrent à assaillir les soldats. Ainsi, la vie des tous les soldats et Seigneur Rāma, en étant sous l'influence de venin, était en danger.

આનિ ખગેસ તબૈ હનુમાન જુ,

બંધન કાટિ સુત્રાસ નિવારો

કો નહીં જાનત હૈ જગ મેં કપિ,

સંકટ મોચન નામ તિહારો

Āni Khages Tabai Hanumāna Ju,

Bandhan Kāti Sutrās Nivāro

Ko Nahin Jānat Hai Jag Mein Kapi,

Sankat Mochan Nām Tihāro

À ce moment Tu, O Hanumān, retournas en ramenant avec toi Garuda – l'aigle divin. Il, grâce à ton aide, libéra tout le monde de la prise des serpents et sauva leurs vies. Qui ne sais pas dans le monde que tu éloignes nos chagrins.

બંધુ સમેત જબૈ અહિરાવણ,

લૈ રઘુનાથ પાતાલ સિધારો

દેવિહીં પૂજિ ભલી વિધિ સોં બલિ,

દેઉ સબૈ મિલિ મંત્ર વિચારો

Bandhu Samet Jabai Ahirāvana,

Lai Raghunāth Pātāl Sidhāro

Devihin Pūji Bhali Vidhi Son Bāli,

Deu Sabai Mili Mantr Vichāro

Quand le frère de Rāvana – Ahirāvana – emmena avec lui le Seigneur Rāma et son frère Lakshman dans les enfers. Et il était encore en train de se préparer pour les sacrifier sur l'autel de la Déesse, laquelle il avait invoqué selon les rites sacrificiels.

જાએ સહાએ ભયો તબ હી,

અહિરાવણ સૈન્ય સમેત સંહારો

કો નહીં જાનત હૈ જગ મેં કપિ,

સંકટ મોચન નામ તિહારો

Jāye Sahāye Bhayo Tab Hī,

Ahirāvana Sainay Samet Sanhāro

Ko Nahin Jānat Hai Jag Mein Kapi,

Sankat Mochan Nām Tihāro

À-ce-moment-là, tu allas et aidas à sauver Seigneur Rāma et Lakshman, en tuant Ahirāvana e tous ses assistants. Qui ne sais pas dans le monde que tu éloignes nos chagrins.

કાજ કિએ બડ દેવન કે તુમ,

વીર મહાપ્રભુ દેખિ બિચારો

કૌન સો સંકટ મોર ગરીબ કો,

જો તુમસો નહિં જાત હૈ ટારો

Kāj Kiye Barh Devan Ke Tum,

Vīr Mahāprabhu Dekhi Bichāro

Kaun So Sankat Mor Garīb Ko,

Jo Tumso Nahin Jāt Hai Tāro

Tu as aidé, par la volonté du Seigneur, à accomplir beaucoup de désirs et beaucoup de actes des tous les saints e des tous les dieux. Or, O Guerrier, O Majestueux Hanumān, regarde-moi et vois duquel péril est-il impossible pour toi de sauver ce ton humble dévot ?

બેગિ હરો હનુમાન મહાપ્રભુ,

જો કછુ સંકટ હોએ હમારો

કો નહીં જાનત હૈ જગ મેં કપિ,

સંકટ મોચન નામ તિહારો

Begi Haro Hanumāna Mahāprabhu,

Jo Kacchu Sankat Hoye Hamāro

Ko Nahin Jānat Hai Jag Mein Kapi,

Sankat Mochan Nām Tihāro

O Magnifique Hanumān, s'il vous plait libère-moi en hâte de mes périls et de mes souffrances. Qui ne sais pas dans le monde que tu éloignes nos chagrins.

દોહા - લાલ દેહ લાલી લસે,

અરુ ધરિ લાલ લંગૂર।

બજ્ર દેહ દાનવ દલન,

જય જય જય કપિ સૂર॥

Lāl Deh Lāli Lase,

Aru Dhari Lāl Langūr

Vajra Deh Dānav Dalan,

Jay Jay Jay Kapi Sūr

Tu as une carnation dorée, tu t'es teint en vermillon de l'amour divin, e tu portes des vêtements rouges, O Dieu-Singe. Tu es robuste et fort comme le diamant, e tu es destructeur de démons. Que la Victoire, la Victoire, la Victoire soit à toi, O Singe Divin.

GURMUKHI - ITALIANO

ਲੋਕਾਭਿਰਾਮੰ ਰਣਰੰਗਧੀਰੰ
ਰਾਜੀਵਨੇਤ੍ਰੰ ਰਘੁਵੰਸ਼ਨਾਥੰ
ਕਾਰੁਣਯਰੂਪੰ ਕਰੁਣਾਕਰੰਤੰ
ਸ਼੍ਰੀਰਾਮਚੰਦ੍ਰਮ ਸ਼ਰਣੰ ਪ੍ਰਪਦਯੇ

Lokābhirāma Ranrangdhīram
Rājīvnetram Raghuvanshnātham
Kārunyrupam Karunākaratam
Shrīrāmachandram Sharanam Prapadye

Io mi rifugio nei pii piedi del Signore Rāma, colui che è amato dalla gente, colui che rimane calmo durante la battaglia, colui che ha gli occhi di loto, colui che è il Re della dinastia Raghu, colui che è la Compassione in persona, e colui che elargisce la propria benevolenza a tutti gli esseri.

ਦੋਹਾ - ਸ੍ਰੀ ਗੁਰੂ ਚਰਣ ਸਰੋਜ ਰੱਜ, ਨਿਜ ਮਨੁ ਮੁਕੁਰੁ ਸੁਧਾਰਿ

ਬਰਨਉ ਰਘੁਬਰ ਬਿਮਲ ਜਸੁ, ਜੋ ਦਾਯਕੁ ਫਲ ਚਾਰਿ

ਬੁੱਧੀਹੀਣ ਤਨੁ ਜਾਨਿਕੇ, ਸੁਮਿਰੌਂ ਪਵਨ ਕੁਮਾਰ

ਬਲ ਬੁਧਿ ਵਿਦਿਆ ਦੇਹੁ ਮੋਹਿੰ, ਹਰਹੁ ਕਲੇਸ ਬਿਕਾਰ

Shri Guru Charan Saroj Raj, Nij Manu Mukuru Sudhāri

Barnau Raghubar Bimal Jasu, Jo Dāyaku Phal Chāri

Budhihīn Tanu Jānike, Sumiraun Pavan Kumār

Bal Budhi Vidyā Dehu Mohin, Harhu Kales Bikār

Dopo aver purificato la mia mente con la polvere dei piedi di loto del mio Maestro Spirituale, io canto le lodi del Signore Ram, il sovrano della famiglia Raghu, colui che ci dona i quattro frutti della vita. Tu sai già che sono privo di intelligenza e il mio corpo è fragile. Quindi, io prego te, O principe del Vento, di concedermi la saggezza e la forza, e di eliminare ogni mio diffetto e di allontanare le mie sofferenze.

ਚੌਪਾਈ - ਜੈ ਹਨੁਮਾਨ ਗਜਾਨ ਗੁਨ ਸਾਗਰ

ਜੈ ਕਪਿਸ ਤਿਹੁੰ ਲੋਕ ਉਜਾਗਰ

ਰਾਮਦੂਤ ਅਤੁਲਿਤ ਬਲ ਧਾਮਾ

ਅੰਜਨਿ ਪੁੱਤ੍ਰ ਪਵਨਸੁਤ ਨਾਮਾ

Jai Hanumāna Gyān Gun Sāgar

Jai Kapis Tihun Lok Ujāgar

Rāmadut Atulit Bal Dhāmā

Anjani Putr Pavansut Nāmā

Vittoria a Hanumāna, colui che è un tesoro immenso della sapienza e virtù. Vittoria al signore degli uomini-scimmia, colui che è conosciuto tra i tre mondi. O ambasciatore del Dio Rāmaa, tu sei una miniera di Forza e di Potere senza pari. Tu sei il figlio di Anjanā, e sei anche soprannominato il figlio del dio Vento.

ਮਹਾਵੀਰ ਵਿਕਰਮ ਬਜਰੰਗੀ

ਕੁਮਤਿ ਨਿਵਾਰ ਸੁਮਤਿ ਕੇ ਸੰਗੀ

ਕੰਚਨ ਬਰਣ ਬਿਰਾਜ ਸੁਬੇਸਾ

ਕਾਨਨ ਕੁੰਡਲ ਕੁੰਚਿਤ ਕੇਸਾ

Mahavīr Vikram Bajrangi

Kumati Nivār Sumati Ke Sangi

Kanchan Baran Birāj Subesā

Kānan Kundal Kunchit Kesā

Sei un valente guerriero, maestoso e forte come il diamante. Tu liberi le nostre menti dalla malvagità e dalla negatività, mentre ci aiuti nell'instillare i valori puri e l'onestà. La tua carnagione è dorata, e sei ornato con indumenti bellissimi; porti gli orecchini ad anello pesanti e hai i capelli corti e ricci.

ਹਾਥ ਵਜਰ ਔਰ ਦਵਜਾ ਬਿਰਾਜੈ

ਕਾਂਧੇ ਮੁੰਜ ਜਨੇਊ ਸਾਜੈ

ਸੰਕਰ ਸੁਵਨ ਕੇਸਰਿ ਨੰਦਨ

ਤੇਜ ਪ੍ਰਤਾਪ ਮਹਾ ਜਗ ਵੰਦਨ

Hāth Vajra Aur Dvajā Birājai

Kāndhe Munj Janeu Sājai

Sankar Suvan Kesari Nandan

Tej Pratāp Mahā Jag Vandan

Nelle tue mani tieni la mazza di fulmine e lo stendardo; un sacro filo, fatto d'erba di munja, abbellisce la tua spalla. Tu sei l'incarnazione del Dio Shiva e sei la gioia degli occhi di Kesari; il tuo corraggio e la tua gloria sono elogiati in tutto il cosmo.

ਵਿੱਦਿਆਵਾਨ ਗੁਨਿ ਅਤਿ ਚਾਤੁਰ

ਰਾਮ ਕਾਜ ਕਰਿਬੇ ਕੋ ਆਤੁਰ

ਪ੍ਰਭੁ ਚਰਿਤ੍ਰ ਸੁਨਿਬੇ ਕੋ ਰਸਿਯਾ

ਰਾਮ ਲਖਨ ਸੀਤਾ ਮਨ ਬਸਿਯਾ

Vidyāvān Guni Ati Chātur

Rāma Kāj Karibe Ko Ātur

Prabhu Charitr Sunibe Ko Rasiyā

Rāma Lakhan Sītā Man Basiyā

Tu sei il più intelligente, sei pieno di virtù e possiedi la sapienza in gran quantità. Tu sei sempre intento a compiere gli atti eroici in servizio di Dio Rāma: cioè, sei sempre pronto ad aiutare Lui. Ti piace tantissimo ascoltare i racconti delle peripezie del Signore Rāma. E Dio Rāma, Mā Sītā, Lakshman risiedono nel tuo cuore puro.

ਸੁਕਸ਼ਮ ਰੂਪ ਧਰਿ ਸਿਯਹਿ ਦਿਖਾਵਾ

ਵਿਕਟ ਰੂਪ ਧਰਿ ਲੰਕ ਜਰਾਵਾ

ਭੀਮ ਰੂਪ ਧਰਿ ਅਸੁਰ ਸੰਹਾਰੇ

ਰਾਮਚੰਦਰ ਕੇ ਕਾਜ ਸੰਵਾਰੇ

Suksham Roop Dhari Siyahi Dikhāvā

Vikat Roop Dhari Lank Jarāvā

Bhīm Roop Dhari Asur Sanhāre

Rāmachandra Ke Kāj Sanvāre

Diventando nano sei apparso davanti alla Mā Sītā, divenendo un gigante hai dato fuoco alla città di Lanka. E poi, nella forma colossale e tremenda hai sconfitto e sbaragliato molti dei demoni di Lanka. In tal modo, tu hai compiuto le imprese per il Signore Rāma.

ਲਾਯੇ ਸਜੀਵਨ ਲਖਨ ਜਿਯਾਯੇ

ਸ੍ਰੀ ਰਘੁਵੀਰ ਹਰਸ਼ਿ ਉਰ ਲਾਯੇ

ਰਘੁਪਤਿ ਕਿਨਹਿ ਬਹੁਤ ਬੜਾਈ

ਤੁਮ ਮਮ ਪ੍ਰਿਯ ਭਰਤਹਿ ਸਮ ਭਾਈ

Lāye Sajīvan Lakhan Jiyāye

Shri Raghuvīr Harshi Ur Lāye

Raghupati Kīnhi Bahut Barhāi

Tum Mam Priy Bharat Sam Bhāi

Tu hai portati le erbe magiche (Sajivan) che rinvigoriscono l'animo per salvare la vita di Lakshman. Quindi, Dio Rāma ti abbracciò, lodandoti e complimentandoti. E Lui ti disse: "Tu sei carissimo a me come il mio fratello Bharat."

ਸਹਸ ਬਦਨ ਤੁਮ੍ਹਰੋ ਜਸ ਗਾਵੈਂ

ਅਸ ਕਹਿ ਸ਼੍ਰੀਪਤਿ ਕੰਠ ਲਗਾਵੈਂ

ਸਨਕਾਦਿਕ ਬ੍ਰਹਮਾਦਿ ਮੁਨਿਸਾ

ਨਾਰਦ ਸਾਰਦ ਸਹਿਤ ਅਹਿਸਾ

Sahas Badan Tumharo Jas Gāvain

As Kahi Shripati Kanth Lagāvain

Sankādik Brahmādi Munisā

Nārad Sārad Sahit Ahisā

"Migliaia di bocche cantano la tua gloria e contineranno a cantare," disse il Saggio Signore Rāma, e ti strinse fra le braccia in lacrime di gioia. I figli nati dalla mente del Dio Brahmā – Sanak, Sanandan, Sanatan e Sanatkumār, Dio Brahmā stesso e gli altri dei e saggi; il saggio Nārad, Madre Saraswati insieme a Ahisā – il serpente con mille teste.

ਜਮ ਕੁਬੇਰ ਦਿਗਪਾਲ ਜਹਾਂ ਤੇ

ਕਵਿ ਕੋਵਿਦ ਕਹਿ ਸਕੇ ਕਹਾਂ ਤੇ

ਤੁਮ ਉਪਕਾਰ ਸੁਗ੍ਰੀਵਹਿੰ ਕੀਨ੍ਹਾ

ਰਾਮ ਮਿਲਾਯੇ ਰਾਜਪਦ ਦੀਨ੍ਹਾ

Jam Kuber Digpāl Jahān Te

Kavi Kovid Kahi Sake Kahān Te

Tum Upkār Sugrīvahin Kīnhā

Rāma Milāye Rājpad Dīnha

Yamarāj, Kuber, i portinai dei palazzi divini, i poeti e gli scolari di tutto il mondo cantano le tue glorie, ma non riescono a descriverle. Tu hai fatto un favore a Sugrīva, il re degli uomini-scimmia. Infatti, hai fatto fare l'amicizia fra lui e Dio Rāma, il quale ha aiutato Sugrīva a riprendere il suo regno dal suo malvagio fratello Bāli.

ਤੁਮ੍ਹਰੋ ਮੰਤ੍ਰ ਵਿਭੀਸ਼ਨ ਮਾਨਾ

ਲੰਕੇਸ਼ਵਰ ਭਯੇ ਸਬ ਜਗ ਜਾਨਾ

ਜੁਗ ਸਹਸਤ੍ਰ ਜੋਜਨ ਪਰ ਭਾਨੂ

ਲੀਲਜੋ ਤਾਹਿ ਮਧੁਰ ਫਲ ਜਾਨੂ

Tumharo Mantr Vibhishan Mānā

Lankeshvar Bhaye Sab Jag Jānā

Jug Sahastr Jojan Par Bhānū

Līlyo Tāhi Madhur Phal Jānū

Vibhishan, il fratello di re-demone Rāvana, accettò il tuo consiglio e, come tutto il mondo oggi sa come fatto, lui divenne il re di Lanka. Il sole che è migliaia e migliaia di chilometri lontano, [quando eri piccolo] tu lo avevi divorato considerandolo come un frutto delizioso.

ਪ੍ਰਭੁ ਮੁਦ੍ਰਿਕਾ ਮੇਲਿ ਮੁਖ ਮਾਹੀਂ

ਜਲਧਿ ਲਾਂਘਿ ਗਯੇ ਅਚਰਜ ਨਾਹੀਂ

ਦੁਰਗਮ ਕਾਜ ਜਗਤ ਕੇ ਜੇਤੇ

ਸੁਗਮ ਅਨੁਗ੍ਰਹ ਤੁਮ੍ਹਰੇ ਤੇਤੇ

Prabhu Mudrikā Meli Mukh Māhin

Jaldhi Lānghi Gaye Achraj Nāhin

Durgam Kāj Jagat Ke Jete

Sugam Anugrah Tumhre Tete

Mettendo in bocca l'anello di fede di Dio Rāma, tu saltasti e volasti dall'altra parte dell'oceano raggiungendo l'isola di Lanka, e di ciò non ci stupiamo. Quantunque siano difficili le gesta e le incombenze, tutte si svolgono facilmente grazie alla tua benevolenza e grazie al tuo aiuto.

ਰਾਮ ਦੁਆਰੇ ਤੁਮ ਰਖਵਾਰੇ

ਹੋਤ ਨ ਆਗਜਾ ਬਿਨੁ ਪੈਸਾਰੇ

ਸਬ ਸੁਖ ਲਹੈ ਤੁਮ੍ਹਾਰੀ ਸਰਨਾ

ਤੁਮ ਰਕਸ਼ਕ ਕਾਹੂ ਕੋ ਡਰਨਾ

Rāma Duāre Tum Rakhvāre

Hot Na Āgya Binu Paisāre

Sab Sukh Lahai Tumhāri Sarnā

Tum Rakshak Kāhū Ko Darnā

Tu fai la guardia alle porte della dimora di Dio Rāma, senza il tuo permesso nessuno può varcare la sua soglia (in altre parole, Hanumāna Ji ci mette alla prova vedere le nostre intenzioni e la purezza della mente, prima che ci lascia vedere il Dio Rāma). Rifiugiandosi nei tuoi piedi (questo atto vuol dire che sei veramente umile), uno ottiene tutta la felicità. Se tu sei il protettore di tutti, perchè dovremmo aver paura?

ਆਪਨ ਤੇਜ ਸਮ੍ਹਾਰੋ ਆਪੈ

ਤੀਨੋਂ ਲੋਕ ਹਾਂਕਤੇ ਕਾਂਪੈ

ਭੂਤ ਪਿਸ਼ਾਚ ਨਿਕਟ ਨਹਿਂ ਆਵੈ

ਮਹਾਵੀਰ ਜਬ ਨਾਮ ਸੁਨਾਵੈ

Āpan Tej Samhāro Āpai

Tīnon Lok Hankte Kāmpai

Bhūt Pishāch Nikat Nahin Āvai

Mahavīr Jab Nām Sunāvai

Solamente tu puoi proteggerci dalla tua stessa forza, tutti i tre mondi tremono davanti a te quando tu ruggisci (ovvero, Hanumāna Ji è talmente potente che nessuno osa sfidarlo). Gli spettri e i demoni non si avvicinano a noi, quando sentono che noi recitiamo il tuo nome, O Mahavīr (un altro nome per Hanumāna Ji).

ਨਾਸੈ ਰੋਗ ਹਰੇ ਸਬ ਪੀਰਾ

ਜਪਤ ਨਿਰੰਤਰ ਹਨੁਮਤ ਬੀਰਾ

ਸੰਕਟ ਤੇ ਹਨੁਮਾਨ ਛੁੜਾਵੈ

ਮਨ ਕ੍ਰਮ ਵਚਨ ਧਜਾਨ ਜੋ ਲਾਵੈ

Nāsai Rog Hare Sab Pīrā

Japat Nirantar Hanumat Bīrā

Sankat Te Hanumāna Cchurāvai

Man Kram Vachan Dhyān Jo Lāvai

Quando recitiamo il nome di Hanumāna, il valoroso guerriero, tutte le nostre malattie vengono distrutte e tutti i dolori guariscono. Chiunque medita con un cuore puro, con parole pure e attraverso le proprie azioni (ovvero, le azioni devono essere sincere e conformate a ciò che uno predica), Hanumāna Ji lo protegge da tutte le afflizioni.

ਸਭ ਪਰ ਰਾਮ ਤਪਸਵੀ ਰਾਜਾ

ਤਿਨਕੇ ਕਾਜ ਸਕਲ ਤੁਮ ਸਾਜਾ

ਔਰ ਮਨੋਰਥ ਜੋ ਕੋਈ ਲਾਵੈ

ਸੋਈ ਅਮਿਤ ਜੀਵਨ ਫਲ ਪਾਵੈ

Sab Par Rāma Tapasvi Rājā

Tinke Kāj Sakal Tum Sājā

Aur Manorath Jo Koī Lāvai

Soī Amit Jīvan Phal Pāvai

Il Signore Rāma, un maestoso re-asceta, governa e protegge tutti, e tu - come un vero devoto e fratello - lo hai aiutato in ogni sua impresa. E se qualcuno viene e chiede qualsiasi desiderio del cuore a te, tu gli doni il frutto che è perenne per tutta la vita.

ਚਾਰੋਂ ਜੁਗ ਪਰਤਾਪ ਤੁਮ੍ਹਾਰਾ

ਹੈ ਪਰਸਿੱਧ ਜਗਤ ਉਜਿਯਾਰਾ

ਸਾਧੁ ਸੰਤ ਕੇ ਤੁਮ ਰਖਵਾਰੇ

ਅਸੁਰ ਨਿਕੰਦਨ ਰਾਮ ਦੁਲਾਰੇ

Chāron Jug Partāp Tumhārā

Hai Prasidh Jagat Ujiyārā

Sādhu Sant Ke Tum Rakhvāre

Asur Nikandan Rāma Dulāre

Tua magnificenza e splendore si propaga in tutte e quattro le era, e la tua gloria è ben consciuta in tutto il mondo. Tu sei il prottettore dei saggi e dei santi; e sei colui che annienta il male e i demoni; e tu sei assai caro a Dio Rāma.

ਅਸ਼ਟ ਸਿਧਿ ਨੌ ਨਿਧਿ ਕੇ ਦਾਤਾ

ਅਸ ਬਰ ਦੀਨ੍ਹ ਜਾਨਕੀ ਮਾਤਾ

ਰਾਮ ਰਸਾਯਨ ਤੁਮ੍ਹਰੇ ਪਾਸਾ

ਸਦਾ ਰਹੋ ਰਘੁਪਤਿ ਕੇ ਦਾਸਾ

Asht Sidhi Nau Nidhi Ke Dātā

As Bar Dīn Jānki Mātā

Rāma Rasāyan Tumhre Pāsā

Sadā Raho Raghupati Ke Dāsā

Madre Jānaki ti ha benedetto con la dote di dare gli otto poteri sopranaturali e i nove tipi di ricchezze a lui che si rifiugia nella tua protezione. Tu sai l'essenza della devozione di Dio Rāma; ovvero, di rimanere sempre come pio devoto e servo del Sovrano della dinastia Raghu.

ਤੁਮ੍ਹਰੇ ਭਜਨ ਰਾਮ ਕੋ ਪਾਵੈ

ਜਨਮ ਜਨਮ ਕੇ ਦੁਖ ਬਿਸਰਾਵੈ

ਅੰਤ ਕਾਲ ਰਘੁਬਰ ਪੁਰ ਜਾਈ

ਜਹਾਂ ਜਨਮ ਹਰਿ ਭਕਤ ਕਹਾਈ

Tumhare Bhajan Rāma Ko Pāvai

Janam Janam Ke Dukh Bisrāvai

Ant Kāl Raghubar Pur Jāi

Jahān Janam Hari Bhakt Kahāi

Cantando gli inni della tua lode uno ottiene Dio Rāma; e tutte le sue sofferenze di tutta la vita spariscono. E dopo la morte del tuo devoto, O Hanumāna, lui raggiunge la dimora di Dio Rāma (il paradiso eterno). Semmai dovesse lui rinascere sulla terra, lui verrà conosciuto come il fedele di Divo Signore.

ਔਰ ਦੇਵਤਾ ਚਿੱਤ ਨਾ ਧਰਈ

ਹਨੁਮਤ ਸੇਇ ਸਰਵ ਸੁਖ ਕਰਈ

ਸੰਕਟ ਕਟੈ ਮਿਟੈ ਸਬ ਪੀਰਾ

ਜੋ ਸੁਮਿਰੈ ਹਨੁਮਤ ਬਲ ਬੀਰਾ

Aur Devtā Chitt Nā Dharaī

Hanumat Sei Sarv Sukh Karaī

Sankat Katai Mitai Sab Pīrā

Jo Sumirai Hanumat Bal Bīrā

Colui che, non servendo altre divinità, si dedica sinceremente alla tua devozione, O Hanumāna, riceve tutte le gioie e i conforti della vita da te come dono. [Questo è vero, cioè se una persona ama qualsiasi forma divina, deve rimanere fedele a quella forma – senza scorraggiare le altre persone di cui forma divina preferita è diversa dalla tua]. Colui che si ricorda con ogni battito del cuore Hanumāna Ji, il valoroso guerriero, tutte le sue difficoltà spirituali e terrene si eclissano.

ਜੈ ਜੈ ਜੈ ਹਨੁਮਾਨ ਗੋਸਾਈ।

ਕ੍ਰਿਪਾ ਕਰਹੁ ਗੁਰੂਦੇਵ ਕੀ ਨਾਈ

ਜੋ ਸਤ ਬਾਰ ਪਾਠ ਕਰ ਕੋਈ

ਛੁਟਹਿ ਬੰਦੀ ਮਹਾਸੁਖ ਹੋਈ

Jay Jay Jay Hanumāna Gosāi

Kripa Karahu Gurudev Kī Nāī

Jo Sat Bār Pāth Kar Koī

Cchutahi Bandi Mahāsukh Hoī

Vittoria, Vittoria, Vittoria a te, O Hanumāna, il maestro di tutti, per piacere elargisci la tua benevolenza su tutti noi come fa un Guru – il maestro spirituale. Chiunque recita cento volte e più il nome di Hanumāna con tutta sincerità, lui si libera dai vincoli dell'egoismo e raggiunge la somma beatitudine.

ਜੋ ਯਹ ਪੜ੍ਹੈ ਹਨੁਮਾਨ ਚਾਲੀਸਾ

ਹੋਏ ਸਿਧਿ ਸਾਖੀ ਗੌਰੀਸਾ

ਤੁਲਸੀਦਾਸ ਸਦਾ ਹਰਿ ਚੇਰਾ

ਕਿਜੈ ਨਾਥ ਹ੍ਰਿਦਯ ਮਹੰ ਡੇਰਾ

Jo Yeh Padai Hanumāna Chālīsā

Hoy Sidhi Sākhi Gaurīsā

Tulsidāsa Sadā Hari Cherā

Kijai Nāth Hriday Mahan Derā

Chiunque legge Hanumāna Chālisa, la sacra ode di Hanumāna, con tutto il suo cuore diventa un saggio e tutti i desideri si manifestano, di cui Dio Shiva è il supremo astante. O Hanumāna, fa sì che tu faccia dimora nel cuore di Tulsidāsa, che è il sincero servo di Dio Rāma da tutta la sua vita.

ਦੋਹਾ - ਪਵਨਤਨਯ ਸੰਕਟ ਹਰਨ,

ਮੰਗਲ ਮੂਰਤਿ ਰੂਪ

ਰਾਮ ਲਖਨ ਸੀਤਾ ਸਹਿਤ,

ਹ੍ਰਿਦਯ ਬਸਹੁ ਸੁਰ ਭੂਪ

Pavantanay Sankat Haran,

Mangal Mūrti Rūp

Rāma Lakhan Sītā Sahit,

Hriday Basahu Surbhūp

O Figlio del Signore del Vento, il Liberatore dai pericoli. L'incarnazione dell'Auspicio (Buona Fortuna). Per favore, dimorati nel mio cuore, O Signore degli dei, insieme a Dio Rāma, Mā Sītā, e Lakshman Ji.

ਸੰਕਟ ਮੋਚਨ ਹਨੁਮਾਨ ਅਸ਼ਟਕ

Sankat Mochan Hanumāna Ashtak

ਬਾਲ ਸਮਯ ਰਵਿ ਭਕ੍ਸ਼ਿ ਲਿਯੋ ਤਬ,

ਤੀਨਹੁਂ ਲੋਕ ਭਯੋ ਅੰਧਿਯਾਰੋ

ਤਾਹਿ ਸੋਂ ਤ੍ਰਾਸ ਭਯੋ ਜਗ ਕੋ,

ਯਹ ਸੰਕਟ ਕਾਹੁ ਸੋਂ ਜਾਤ ਨਾ ਟਾਰੋ

Bāl Samay Ravi Bhakshi Liyo Tab,

Tīnhun Lok Bhayo Andhiyāro

Tāhi Son Trās Bhayo Jag Ko,

Yeh Sankat Kāhu Son Jāt Nā Tāro

Quando eri ancora un bambino, tu saltasti verso il sole e lo divorasti (come se fosse un frutto), e nei tre mondi – terra, paradiso e inferi – si fece il buio. Allora, tutti andarono nel panico e corsero qua e là domandando: "perché nessuno riesce a salvarci da questo pericolo in cui siamo messi?"

ਦੇਵਨ ਆਨੀ ਕਰੀ ਬਿਨਤੀ ਤਬ,

ਛਾਂੜਿ ਦਿਯੋ ਰਵਿ ਕਸ਼ਟ ਨਿਵਾਰੋ

ਕੋ ਨਹਿ ਜਾਨਤ ਹੈ ਜਗ ਮੇਂ ਕਪਿ,

ਸੰਕਟ ਮੋਚਨ ਨਾਮ ਤਿਹਾਰੋ

Devan Āni Kari Bintī Tab,

Cchanrhi Diyo Ravi Kasht Nivāro

Ko Nahin Jānat Hai Jag Mein Kapi,

Sankat Mochan Nām Tihāro

In tal momento, gli dei vennero da te e ti supplicarono, e tu avendo ascoltato la loro richiesta, lasciasti andare il Sole, e tutti allora si risanarono dalle loro sofferenze. Chi nel mondo non sa che tu allontani i dolori?

ਬਾਲਿ ਕੀ ਤ੍ਰਾਸ ਕਪੀਸ ਬਸੈ ਗਿਰੀ,

ਜਾਤ ਮਹਾਪ੍ਰਭੁ ਪੰਥ ਨਿਹਾਰੋ

ਚੌਂਕੀ ਮਹਾਂਮੁਨੀ ਸਾਪ ਦਿਯੋ ਤਬ,

ਚਾਹਿਏ ਕੌਨ ਬਿਚਾਰ ਬੀਚਾਰੋ

Bāli Kī Trās Kapīs Basai Girī,

Jāt Mahaprabhu Panth Nihāro

Chaunki Mahāmuni Sāp Diyo Tab,

Chāhiye Kaun Bichār Bichāro

In timore di Bāli, il re degli uomini-scimmia - Sugrīva - si rintanò nella collina, per dove Signore Rāma e Lakshman stavano passando. E poiché Bāli stesso non poteva entrare in quella foresta e montagna a causa della maledizione data da un gran santo, Sugrīva chiese a te, O Hanumāna, di andare a vedere e chiedere loro: “Chi state cercando?”

ਕੈ ਦ੍ਵਿਜ ਰੂਪ ਲਿਵਾਯ ਮਹਾਪ੍ਰਭੁ,

ਸੋ ਤੁਮ ਦਾਸ ਕੇ ਸੋਕ ਨਿਵਾਰੋ

ਕੋ ਨਹੀਂ ਜਾਨਤ ਹੈ ਜਗ ਮੇਂ ਕਪਿ,

ਸੰਕਟ ਮੋਚਨ ਨਾਮ ਤਿਹਾਰੋ

Kai Dvij Rūp Livāye Mahaprabhu,

So Tum Dās Ke Sok Nivāro

Ko Nahin Jānat Hai Jag Mein Kapi,

Sankat Mochan Nām Tihāro

Trasformandoti in un saggio tu hai incontrato Signore Rāma e lo hai portato, insieme al suo fratello Lakshman, davanti a Sugrīva. In tal modo, tu hai chiarito i suoi dubbi, le sue paure e le sue sofferenze, come tu hai sempre fatto per i tuoi fedeli e amici. [In aggiunta, tu con l'aiuto del Dio Rāma e Lakshman hai rivinto il regno di Sugrīva sconfiggendo Bāli]. Chi nel mondo non sa che tu soprannominato lo sradicatore dei perigli?

ਅੰਗਦ ਕੇ ਸੰਗ ਲੇਨ ਗਏ ਸਿਯ,

ਖੋਜ ਕਪੀਸ ਯਹ ਬੈਨ ਉਚਾਰੋ

ਜੀਵਤ ਨ ਬਚਿਹੌ ਹਮ ਸੌਂ ਜੁ,

ਬਿਨਾ ਸੁਧਿ ਲਾਏ ਇਹਾਂ ਪਗੁ ਧਾਰੋ

Angad Ke Sang Len Gaye Siay,

Khoj Kapīs Yeh Bain Uchāro

Jīvat Na Bachihau Ham Son Ju,

Binā Sudhi Lāye Ihān Pagu Dhāro

Mentre tu insieme ad Angad e i suoi amici stavate per andare in cerca di Mā Sītā, Sugrīva – il re degli uomini-scimmia – vi preavvisò: "Se tornate senza alcuna notizia riguardante Mā Sītā, voi non vedrete il domani (ovvero vi condannerò a morte come punizione). "

ਹੇਰੀ ਥਕੇ ਤਟ ਸਿੰਧੁ ਸਬੈ ਤਬ,

ਲਾਏ ਸਿਯਾ ਸੁਧਿ ਪ੍ਰਾਣ ਉਬਾਰੋ

ਕੋ ਨਹੀਂ ਜਾਨਤ ਹੈ ਜਗ ਮੇਂ ਕਪਿ,

ਸੰਕਟ ਮੋਚਨ ਨਾਮ ਤਿਹਾਰੋ

Heri Thake Tat Sindhu Sabai Tab,

Lāye Siyā Sudhi Prān Ubāro

Ko Nahin Jānat Hai Jag Mein Kapi,

Sankat Mochan Nām Tihāro

Quando tutti quanti, dopo tutti gli sforzi, si erano stancati e si erano messi a sedere sulle sponde dell'oceano, in quel momento tu, O Hanumāna, tornasti con le novità sul benessere di Mā Sītā, salvando così le vite dei tuoi amici. Chi è che non sa che tu salvi tutti dalle calamità?

ਰਾਵਣ ਤ੍ਰਾਸ ਦਈ ਸਿਯ ਕੋ ਸਬ,

ਰਾਕਸ਼ਸੀ ਸੋਂ ਕਹੀ ਸੋਕ ਨਿਵਾਰੋ

ਤਾਹਿ ਸਮਯ ਹਨੁਮਾਨ ਮਹਾਪ੍ਰਭੂ,

ਜਾਏ ਮਹਾ ਰਜਨੀਚਰ ਮਾਰੋ

Rāvana Trās Daī Siay Ko Sab,

Rākshasi Son Kahi Sok Nivāro

Tāhi Samay Hanumāna Mahāprabhu,

Jāye Mahā Rajnīchar Māro

Quando Rāvana stava torturando Mā Sītā in ogni modo e maniera, e cercando di convincerla disse: “Tutti i tuoi guai, tutte le tue sofferenze avranno fine, se solamente tu accetti di essere mia moglie e diventare la mia regina-demone.” In quel momento, tu, o corraggioso Hanumāna, andasti e massacrasti tanti valorosi demoni.

ਚਾਹਤ ਸਿਯ ਅਸੋਕ ਸੋਂ ਆਗਿ ਸੁ,

ਦੈ ਪ੍ਰਭੁ ਮੁਦ੍ਰਿਕਾ ਸੋਕ ਨਿਵਾਰੋ

ਕੋ ਨਹੀਂ ਜਾਨਤ ਹੈ ਜਗ ਮੇਂ ਕਪਿ,

ਸੰਕਟ ਮੋਚਨ ਨਾਮ ਤਿਹਾਰੋ

Chāhat Siay Asok Son Āgi Su,

Dai Prabhu Mudrikā Sok Nivāro

Ko Nahin Jānat Hai Jag Mein Kapi,

Sankat Mochan Nām Tihāro

E quando Mā Sītā voleva immolarsi nel giardino chiamato Ashoka-Vātikā, tu le consegnasti l'anello di fede del Signore Rāma, suo marito, e così lenisti il suo dolore del suo cuore. Chi nel mondo non sa che tu sei colui sradica il dolore di tutti gli esseri?

ਬਾਨ ਲਗਯੋ ਉਰ ਲਛਿਮਨ ਕੇ ਤਬ,

ਪ੍ਰਾਣ ਤਜੇ ਸੁਤ ਰਾਵਣ ਮਾਰੋ

ਲੈ ਗ੍ਰਿਹਿ ਬੈਧਜ ਸੁਸ਼ੇਨ ਸਮੇਤ,

ਤਬੈ ਗਿਰੀ ਦ੍ਰੋਣ ਸੁ ਬੀਰ ਉਪਾਰੋ

Bān Lagyo Ur Lacchiman Ke Tab,

Prān Taje Sut Rāvana Māro

Lai Grah Baiday Sushen Samet,

Tabai Girī Dron Su Bīr Upāro

Meghnāda, il figlio di Rāvana, scagliò una freccia avvelenata e trafisse il cuore di Lakshman, e lui stava sull'orlo di morire. Tu portasti il medico Sushen per farlo vedere, e su suo consiglio, tu avevi portato l'intera collina Drona, esptirpandola dall'Himalaya.

ਆਨਿ ਸਜੀਵਨ ਹਾਥ ਦਿਏ ਤਬ,

ਲਛਿਮਨ ਕੇ ਤੁਮ ਪ੍ਰਾਣ ਉਬਾਰੋ

ਕੋ ਨਹੀਂ ਜਾਨਤ ਹੈ ਜਗ ਮੇਂ ਕਪਿ,

ਸੰਕਟ ਮੋਚਨ ਨਾਮ ਤਿਹਾਰੋ

Āni Sajīvan Hāth Diye Tab,

Lacchiman Ke Tum Prān Ubāro

Ko Nahin Jānat Hai Jag Mein Kapi,

Sankat Mochan Nām Tihāro

Volando, tu sei ritornato alla riva dell'oceano, e consegnasti la pianta salvavita (Sanjīvan) a Sushen affinché lui guarisse la ferita di Lakshman, e in tal modo tu salvasti la sua vita. Chi sulla terra non sa che tu sei il salvatore della vita di tutti?

ਰਾਵਣ ਯੁੱਧ ਅਜਾਨ ਕਿਯੋ ਤਬ,

ਨਾਗ ਕੀ ਫਾਂਸ ਸਿਰ ਡਾਰੋ

ਸ੍ਰੀ ਰਘੁਨਾਥ ਸਮੇਤ ਸਬੈ ਦਲ,

ਮੋਹ ਭਯੋ ਯਹ ਸੰਕਟ ਭਾਰੋ

Rāvana Yudh Ajān Kiyo Tab,

Nāg Kī Phāns Sar Dāro

Shri Raghunāth Samet Sabai Dal,

Moh Bhayo Yeh Sankat Bhāro

Rāvana attraverso la frode attaccò di notte l'accampamento del Signore Rāma, scagliando la freccia magica da cui uscirono i serpenti che cominciarono ad attaccare i soldati. E la vita di tutti i soldati e Signore Rāma, essendo sotto l'effetto del veleno, era in pericolo.

ਆਨਿ ਖਗੇਸ ਤਬੈ ਹਨੁਮਾਨ ਜੁ,

ਬੰਧਨ ਕਾਟਿ ਸੁਤ੍ਰਾਸ ਨਿਵਾਰੋ

ਕੋ ਨਹੀਂ ਜਾਨਤ ਹੈ ਜਗ ਮੇਂ ਕਪਿ,

ਸੰਕਟ ਮੋਚਨ ਨਾਮ ਤਿਹਾਰੋ

Āni Khages Tabai Hanumāna Ju,

Bandhan Kāti Sutrās Nivāro

Ko Nahin Jānat Hai Jag Mein Kapi,

Sankat Mochan Nām Tihāro

In tal momento Tu, O Hanumāna, ritornasti portando insieme a te Garuda – la divina aquila. Lui, grazie al tuo aiuto, liberò tutti dalla presa delle serpi e salvò la vita di ognuno di loro. Chi nel mondo non sa che tu sei il redentore di tutti noi?

ਬੰਧੁ ਸਮੇਤ ਜਬੈ ਅਹਿਰਾਵਣ,

ਲੈ ਰਘੁਨਾਥ ਪਾਤਾਲ ਸਿਧਾਰੇ

ਦੇਵਿਹੀਂ ਪੂਜਿ ਭਲੀ ਵਿਧਿ ਸੋਂ ਬਲਿ,

ਦੇਉ ਸਬੈ ਮਿਲਿ ਮੰਤ੍ਰ ਵਿਚਾਰੋ

Bandhu Samet Jabai Ahirāvana,

Lai Raghunāth Pātāl Sidhāro

Devihin Pūji Bhali Vidhi Son Bāli,

Deu Sabai Mili Mantr Vichāro

Quando il fratello di Rāvana, Ahirāvana, portò negli inferi il Signore Rāma insieme a suo fratello Lakshman. E lui stava ancora preparando a sacrificarli sull'altare della Dea, che lui aveva invocata secondo i rituali di sacrificio.

ਜਾਏ ਸਹਾਏ ਭਯੋ ਤਬ ਹੀ,

ਅਹਿਰਾਵਣ ਸੈਨਜ ਸਮੇਤ ਸੰਹਾਰੋ

ਕੋ ਨਹੀਂ ਜਾਨਤ ਹੈ ਜਗ ਮੇਂ ਕਪਿ,

ਸੰਕਟ ਮੋਚਨ ਨਾਮ ਤਿਹਾਰੋ

Jāye Sahāye Bhayo Tab Hī,

Ahirāvana Sainay Samet Sanhāro

Ko Nahin Jānat Hai Jag Mein Kapi,

Sankat Mochan Nām Tihāro

Proprio in quel momento, tu sei andato e hai aiutato a salvare Signore Rāma e Lakshman, uccidendo Ahirāvana e tutti i suoi sudditti. Chi nel mondo non sa che tu aiuti tutti quando loro sono in pericolo?

ਕਾਜ ਕੀਏ ਬੜ ਦੇਵਨ ਕੇ ਤੁਮ,

ਵੀਰ ਮਹਾਪ੍ਰਭੁ ਦੇਖਿ ਬੀਚਾਰੋ

ਕੌਨ ਸੋ ਸੰਕਟ ਮੋਰ ਗਰੀਬ ਕੋ,

ਜੋ ਤੁਮਸੋ ਨਹਿੰ ਜਾਤ ਹੈ ਟਾਰੋ

Kāj Kiye Barh Devan Ke Tum,

Vīr Mahāprabhu Dekhi Bichāro

Kaun So Sankat Mor Garīb Ko,

Jo Tumso Nahin Jāt Hai Tāro

Tu hai aiutato, per il volere del Signore, a compiere tanti desideri e tante gesta di tutti i santi e tutti gli dei. Ora, O Guerriero, O Maestoso Hanumāna, guarda verso di me e vedi da quale pericolo è impossibile per te salvare questo tuo umile devoto?

ਬੇਗਿ ਹਰੋ ਹਨੁਮਾਨ ਮਹਾਪ੍ਰਭੁ,

ਜੋ ਕਛੁ ਸੰਕਟ ਹੋਏ ਹਮਾਰੋ

ਕੋ ਨਹੀਂ ਜਾਨਤ ਹੈ ਜਗ ਮੇਂ ਕਪਿ,

ਸੰਕਟ ਮੋਚਨ ਨਾਮ ਤਿਹਾਰੋ

Begi Haro Hanumāna Mahāprabhu,

Jo Kacchu Sankat Hoye Hamāro

Ko Nahin Jānat Hai Jag Mein Kapi,

Sankat Mochan Nām Tihāro

O Grandioso Hanumāna, per favore sradica in fretta tutti i miei pericoli e le mie sofferenze. Chi nel mondo non sa che tu sei colui che protegge tutti dai dolori?

ਦੋਹਾ - ਲਾਲ ਦੇਹ ਲਾਲੀ ਲਸੇ,

ਅਰੁ ਧਰਿ ਲਾਲ ਲੰਗੂਰ

ਬਜ੍ਰ ਦੇਹ ਦਾਨਵ ਦਲਨ,

ਜੈ ਜੈ ਜੈ ਕਪਿ ਸੂਰ

Lāl Deh Lāli Lase,

Aru Dhari Lāl Langūr

Vajra Deh Dānav Dalan,

Jay Jay Jay Kapi Sūr.

Hai la carnagione dorata, ti sei tinto di vermiglio dall'amore divino, e porti i vestiti rossi, O Dio-scimmia. Tu sei robusto e forte come il diamante, e sei il distruttore dei demoni. Vittoria, Vittoria, Vittoria sia tua, O Scimmia Divina.

APPENDIX

॥ दोहा ॥

श्री गुरु चरण सरोज रज, निज मनु मुकुरु सुधारि ।

बरनऊ रघुबर बिमल जसु, जो दायकु फल चारि ॥

बुद्धिहीन तनु जानिके, सुमिरौं पवन कुमार ।

बल बुद्धि विद्या देहु मोहिं, हरहु कलेस बिकार ॥

॥ चौपाई ॥

जय हनुमान ज्ञान गुन सागर।

जय कपिस तिहुँ लोक उजागर ॥1॥

रामदूत अतुलित बल धामा।

अंजनि पुत्र पवनसुत नामा ॥2॥

महावीर विक्रम बजरंगी।

कुमति निवार सुमति के संगी॥3॥

कंचन बरण बिराज सुबेसा।

कानन कुंडल कुंचित केसा॥4॥

हाथ वज्र और ध्वजा बिराजै।

काँधे मुंज जनेऊ साजै॥5॥

संकर सुवन केसरि नंदन।

तेज प्रताप महा जग वंदन॥6॥

विद्यावान गुनि अति चातुर।

राम काज करिबे को आतुर॥7॥

प्रभु चरित्र सुनिबे को रसिया।

राम लखन सीता मन बसिया॥8॥

सूक्ष्म रूप धरि सियहि दिखावा।

विकट रूप धरि लंक जरावा॥9॥

भीम रूप धरि असुर संहारे।

रामचंद्र के काज संवारे॥10॥

लाये सजीवन लखन जियाये।

श्री रघुवीर हरषि उर लाये॥11॥

रघुपति किन्ही बहुत बड़ाई।

तुम मम प्रिय भरतहि सम भाई॥12॥

सहस बदन तुम्हरो जस गावैं।

अस कहि श्रीपति कंठ लगावैं॥13॥

सनकादिक ब्रह्मादि मुनिसा।

नारद सारद सहित अहिसा॥14॥

जम कुबेर दिगपाल जहां ते।

कवि कोविद कहि सके कहां ते॥15॥

तुम उपकार सुग्रीवहिं कीन्हा।

राम मिलाये राजपद दीन्हा॥16॥

तुम्हरो मंत्र विभीषण माना।

लंकेश्वर भये सब जग जाना॥17॥

जुग सहस्त्र जोजन पर भानू।

लील्यो ताहि मधुर फल जानू॥18॥

प्रभु मुद्रिका मेलि मुख माहीं।

जलधि लांघि गये अचरज नाहीं॥19॥

दुर्गम काज जगत के जेते।

सुगम अनुग्रह तुम्हरे तेते॥20॥

राम दुआरे तुम रखवारे।

होत न आज्ञा बिनु पैसारे॥21॥

सब सुख लहै तुम्हारी सरना।

तुम रक्षक काहू को डरना॥22॥

आपन तेज सम्हारो आपै।

तीनों लोक हांकते काँपै॥23॥

भूत पिशाच निकट नहिं आवै।

महावीर जब नाम सुनावै॥24॥

नासै रोग हरे सब पीरा।

जपत निरंतर हनुमत बीरा॥25॥

संकट ते हनुमान छुड़ावै।

मन क्रम वचन ध्यान जो लावै॥26॥

सब पर राम तपस्वी राजा।

तिनके काज सकल तुम साजा॥27॥

और मनोरथ जो कोई लावै।

सोई अमित जीवन फल पावै॥28॥

चारों जुग परताप तुम्हारा।

है प्रसिद्ध जगत उजियारा॥29॥

साधु संत के तुम रखवारे।

असुर निकंदन राम दुलारे॥30॥

अष्ट सिद्धि नौ निधि के दाता।

अस बर दीन जानकी माता॥31॥

राम रसायन तुम्हरे पासा।

सदा रहो रघुपति के दासा॥32॥

तुम्हरे भजन राम को पावै।

जनम जनम के दुःख बिसरावै॥33॥

अंत काल रघुबर पुर जाई।

जहां जनम हरि भक्त कहाई॥34॥

और देवता चित्त ना धरई।

हनुमत सेइ सर्व सुख करई॥35॥

संकट कटै मिटै सब पीरा।

जो सुमिरै हनुमत बल बीरा॥36॥

जय जय जय हनुमान गोसाईं।

कृपा करहु गुरुदेव की नाई॥37॥

जो सत बार पाठ कर कोई।

छुटहि बंदी महासुख होई॥38॥

जो यह पढ़ै हनुमान चालीसा।

होय सिद्धि साखी गौरीसा॥39॥

तुलसीदास सदा हरि चेरा।

किजै नाथ हृदय महँ डेरा॥40॥

॥दोहा॥

पवनतनय संकट हरन,

मंगल मूरति रूप।

राम लखन सीता सहित,

हृदय बसहु सुरभूप॥

संकट मोचन हनुमान अष्टक

बाल समय रवि भक्षि लियो तब,

तीनहुँ लोक भयो अँधियारो।

ताहि सोन त्रास भयो जग को,

यह संकट काहु सों जात ना टारो॥

देवन आनी करी बिनती तब,

छांड़ि दियो रवि कष्ट निवारो।

को नहिं जानत है जग में कपि,

संकट मोचन नाम तिहारो॥1॥

बालि की त्रास कपीस बसै गिरी,

जात महाप्रभु पंथ निहारो।

चौंकि महामुनि साप दियो तब,

चाहिए कौन बिचारो बिचारो॥

कै द्विज रूप लिवाय महाप्रभु,

सो तुम दास के सोक निवारो।

को नहीं जानत है जग में कपि,

संकट मोचन नाम तिहारो॥2॥

अंगद के संग लेन गए सिय,

खोज कपीस यह बैन उचारो।

जीवत न बचिहौ हम सों जु,

बिना सुधि लाए इहाँ पगु धारो॥

हेरी थके तट सिंधु सबै तब,

लाए सिया सुधि प्राण उबारो।

को नहीं जानत है जग में कपि,

संकट मोचन नाम तिहारो॥3॥

रावण त्रास दई सिय को सब,

राक्षसि सों कही सोक निवारो।

ताहि समय हनुमान महाप्रभु,

जाए महा रजनीचर मारो॥

चाहत सिय असोक सों आगि सु,

दै प्रभु मुद्रिका सोक निवारो।

को नहीं जानत है जग में कपि,

संकट मोचन नाम तिहारो॥4॥

बान लग्यो उर लछिमन के तब,

प्राण तजे सुत रावण मारो।

लै गृह बैद्य सुषेण समेत,

तबै गिरी द्रोण सु बीर उपारो॥

आनि सजीवन हाथ दिए तब,

लछिमन के तुम प्राण उबारो।

को नहीं जानत है जग में कपि,

संकट मोचन नाम तिहारो॥5॥

रावण युद्ध अजान कियो तब,

नाग की फाँस सर डारो।

श्री रघुनाथ समेत सबै दल,

मोह भयो यह संकट भारो॥

आनि खगेस तबै हनुमान जु,

बंधन काटि सुत्रास निवारो।

को नहीं जानत है जग में कपि,

संकट मोचन नाम तिहारो॥6॥

बंधु समेत जबै अहिरावण,

लै रघुनाथ पाताल सिधारो।

देविहीं पूजि भली विधि सों बलि,

देउ सबै मिलि मंत्र विचारो॥

जाए सहाए भयो तब ही,

अहिरावण सैन्य समेत संहारो।

को नहीं जानत है जग में कपि,

संकट मोचन नाम तिहारो॥7॥

काज किए बड़ देवन के तुम,

वीर महाप्रभु देखि बिचारो।

कौन सो संकट मोर गरीब को,

जो तुमसो नहिं जात है टारो॥

बेगि हरो हनुमान महाप्रभु,

जो कछु संकट होए हमारो।

को नहीं जानत है जग में कपि,

संकट मोचन नाम तिहारो॥8॥

॥दोहा॥

लाल देह लाली लसे,

अरु धरि लाल लंगूर।

बज्र देह दानव दलन,

जय जय जय कपि सूर॥

हनुमान बजरंग बाण

निश्चय प्रेम प्रतीति ते, बिनय करै सनमान।

तेहि के कारज सकल शुभ, सिद्ध करै हनुमान॥

जय हनुमंत संत हितकारी, सुन लीजै प्रभु अर्ज हमारी॥

जान के काज बिलंब न कीजै, आतुर दौरि महा सुख दीजै॥

जैसे कूदि सिंधु महिपारा, सुरसा बदन पैठि बिस्तारा॥

आगे जाय लंकिनी रोका, मारेहु लात गई सुरलोका॥

जाय बिभीषन को सुख दीन्हा, सीता निरीख परमपद लीन्हा॥

बाग उजारि सिंधु महँ बोरा, अति आतुर जमकातर तोरा॥

अक्षय कुमार मारी संहारा, लूम लपेटि लंक को जारा॥

लाह समान लंक जरि गई, जय जय धुनि सुरपुर नभ भई॥

अब बिलंब केहि कारन स्वामी, कृपा करहु उर अंतरयामी॥

जय जय लखन प्रान के दाता, आतुर ह्वै दुख करहु निपाता॥

जै हनुमान जयति बल-सागर, सुर-समूह-समरथ भट-नागर॥

ॐ हनु हनु हनु हनुमत हठीले, बैरिहि मारु बज्र की किले॥

ॐ ह्रीं ह्रीं ह्रीं हनुमंत कपीसा, ॐ हुं हुं हुं हनु अरि उर सीसा॥

जय अंजनि कुमार बलवंता, शंकरसुवन बीर हनुमंता॥

बदन कराल काल-कुल-घालक, राम सहाय सदा प्रतिपालक॥

भूत प्रेत पिसाच निसाचर, अगिन बेताल काल मारी मर॥

इन्हे मारु तोहि सपथ राम की, राखु नाथ मरजाद नाम की॥

सत्य होहु हरि सपथ पाई कै, राम दूत धरु मारु धाइ कै॥

जय जय जय हनुमंत अगाधा, दुख पावत जन केहि अपराधा॥

पूजा जप तप नेम अचारा, नहिं जानत कछु दास तुम्हारा॥

बन उपबन मग गिरि गृह माहीं, तुम्हारे बल हौ डरपत नाहीं॥

जनकसुता हरि दास कहावौ, ताकी सपथ बिलंब न लावौ॥

जै जै जै धुनि होत अकासा, सुमिरत होय दुसह दुख नासा॥

चरन पकरि कर जोरि मनावौं, यहि औसर अब केहि गोहरावौं॥

उठु उठु चलु तोहि राम दुहाई, पाँय परौ कर जोरि मनाई॥

ॐ चं चं चं चं चपल चलंता, ॐ हनु हनु हनु हनुमंता॥

ॐ हं हं हाँक देते कपि चंचल, ॐ सं सं सहमि पराने खल-दल॥

अपने जान को तुरत उबारौ, सुमिरत होय आनंद हमारौ॥

यह बजरंग बाण जेहि मारै, ताहि कहौ फिरि कवन उबारै॥

पाठ करै बजरंग-बाण की, हनुमत रक्षा करै प्रान की॥

यह बजरंग बाण जो जापै, तासों भूत-प्रेत सब काँपै॥

धुप देय जो जपै हमेसा, ताके तन नहिं रहै कलेसा॥

उर प्रतीति दृढ़ सरन ह्वै, पाठ करै धरि ध्यान।

बाधा सब हर करै सब काम सफल हनुमान॥

श्री राम स्तुति

श्री रामचंद्र कृपालु भजु मन हरण भवभय दारुणं।

नवकंज-लोचन कंजमुख कर-कंज पद कंजारुणं॥

कंदर्प अगणित अमित छबि नवनील-नीरद-सुंदरं।

पट पीत मानहु तड़ित रूचि शुचि नौमि जनकसुता वरं॥

भजु दीनबंधु दिनेश दानव-दैत्य-वंश-निकंदनं।

रघुनंद आनंदकंद कोशलचंद्र दशरथ-नंदनं॥

सिर मुकुट कुंडल तिलक चारु उदारु अंग विभूषणं।

आजानुभुज शर-चाप-धर संग्राम-जित-खरदूषणं॥

इति वदति तुलसीदास शंकर-शेष-मुनि-रंजनं।

मम हृदय कंज-निवास कुरु कामादि खल-दल-गंजनं॥

श्री गणेशजी की आरती

जय गणेश जय गणेश जय गणेश देवा। माता जाकी पार्वती पिता महादेवा॥

जय गणेश जय गणेश जय गणेश देवा। माता जाकी पार्वती पिता महादेवा॥

एक दन्त दयावन्त चार भुजा धारी। माथे सिन्दूर सोहे मूसे की सवारी॥

जय गणेश जय गणेश जय गणेश देवा। माता जाकी पार्वती पिता महादेवा॥

अन्धन को आँख देत कोढ़िन को काया। बांझन को पुत्र देत निर्धन को माया॥

जय गणेश जय गणेश जय गणेश देवा। माता जाकी पार्वती पिता महादेवा॥

हार चढ़े फूल चढ़े और चढ़े मेवा। लड्डुअन का भोग लगे संत करे सेवा॥

जय गणेश जय गणेश जय गणेश देवा। माता जाकी पार्वती पिता महादेवा॥

दीनन की लाज राखो शम्भु सुत वारी। कामना को पूरा करो जाऊँ बलिहारी॥

जय गणेश जय गणेश जय गणेश देवा। माता जाकी पार्वती पिता महादेवा॥

श्री रघुवर जी की आरती

आरती कीजै श्री रघुवर जी की, सत चित आनंद शिव सुन्दर की॥

दशरथ तनय कौशल्या नंदन, सुर मुनि रक्षक दैत्य निकंदन॥

अनुगत भक्त भक्त उर चन्दन, मर्यादा पुरुषोत्तम वर की॥

आरती कीजै श्री रघुवर जी की, सत चित आनंद शिव सुन्दर की॥

निर्गुण सगुण अनूप रूप निधि, सकल लोक वन्दित विभिन्न विधि॥

हरण शोक-भय दायक नव निधि, माया रहित दिव्य नर वर की॥

आरती कीजै श्री रघुवर जी की, सत चित आनंद शिव सुन्दर की॥

जानकी पति सुर अधिपति जगपति, अखिल लोक पालक त्रिलोक गति॥

विश्व वन्द्य अनवन्द्य अमित-मति, एक मात्र गति सचराचर की॥

आरती कीजै श्री रघुवर जी की, सत चित आनंद शिव सुन्दर की॥

शरणागत वत्सल व्रतधारी, भक्त कल्प तरुवर असुरारी॥

नाम लेत जग पावनकारी, वानर सखा दीन दुख हर की॥

आरती कीजै श्री रघुवर जी की, सत चित आनंद शिव सुन्दर की॥

श्री हनुमान जी की आरती

आरती कीजै हनुमान लला की, दुष्टदलन रघुनाथ कला की॥

जाके बल से गिरिवर काँपै, रोग दोष जाके निकट न झांके॥

अंजनि पुत्र महा बल दाई, संतन के प्रभु सदा सहाई॥

दे बीरा रघुनाथ पठाये, लंका जारी सिय सुधि लाये॥

लंका सो कोटि समुद्र सी खाई, जात पवनसुत बार न लाई॥

लंका जारि असुर संहारे, सियाराम जी के काज संवारे॥

लक्ष्मण मूर्छित पड़े सकारे, लाय सजीवन प्राण उबारे॥

पैठि पाताल तोरि जम कारे, अहिरावन की भुजा उखारे॥

बायें भुजा असुर दल मारे, दाहिने भुजा संत जन तारे॥

सुर नर मुनि जन आरती उतारे, जय जय जय हनुमान उचारे॥

कंचन थाल कपूर लौ छाई, आरती करत अंजना माई॥

जो हनुमान जी की आरती गावै, बसि बैकुंठ परमपद पावै॥

॥ દોહા ॥

શ્રી ગુરુ ચરણ સરોજ રજ, નિજ મનુ મુકુરુ સુધારિ।

બરનઉં રઘુબર બિમલ જસુ, જો દાયકુ ફળ ચારિ ॥

બુદ્ધિહીન તનુ જાનિકે, સુમિરૌં પવન કુમાર।

બલ બુદ્ધિ વિદ્યા દેહુ મોહિં, હરહુ કલેસ બિકાર ॥

॥ ચૌપાઈ ॥

જય હનુમાન જ્ઞાન ગુન સાગર।

જય કપિસ તિહુઁ લોક ઉજાગર ॥1॥

રામદૂત અતુલિત બલ ધામા।

અંજનિ પુત્ર પવનસુત નામા ॥2॥

મહાવીર વિક્રમ બજરંગી।

કુમતિ નિવાર સુમતિ કે સંગી॥3॥

કંચન બરણ બિરાજ સુવેસા।

કાનન કુંડળ કુંચિત કેસા॥4॥

હાથ વજ્ર ઔર ધ્વજા બિરાજૈ।

કાંધે મુંજ જનેઊ સાજૈ॥5॥

સંકર સુવન કેસરિ નંદન।

તેજ પ્રતાપ મહા જગ વંદન॥6॥

વિદ્યાવાન ગુનિ અતિ ચાતુર।

રામ કાજ કરિબે કો આતુર॥7॥

પ્રભુ ચરિત્ર સુનિબે કો રસિયા।

રામ લખન સીતા મન બસિયા॥8॥

સૂક્ષ્મ રૂપ ધરિ સિયહિ દિખાવા।

વિકટ રૂપ ધરિ લંક જરાવા॥9॥

ભીમ રૂપ ધરિ અસુર સંહારે।

રામચંદ્ર કે કાજ સંવારે॥10॥

લાયે સજીવન લખન જિયાયે।

શ્રી રઘુવીર હરષિ ઉર લાયે॥11॥

રઘુપતિ કિનહી બહુત બડાઈ।

તુમ મમ પ્રિય ભરતહિ સમ ભાઈ॥12॥

સહસ બદન તુમ્હરો જસ ગાવૈં।

અસ કહિ શ્રીપતિ કંઠ લગાવૈં॥13॥

સનકાદિક બ્રહ્માદિ મુનિસા।

નારદ સારદ સહિત અહિસા॥14॥

જમ કુબેર દિગપાલ જહાં તે।

કવિ કોવિદ કહિ સકે કહાં તે॥15॥

તુમ ઉપકાર સુગ્રીવહિં કીન્હા।

રામ મિલાયે રાજપદ દીન્હા॥16॥

તુમ્હરો મંત્ર વિભીષણ માના।

લંકેશ્વર ભયે સબ જગ જાના॥17॥

જુગ સહસ્ત્ર જોજન પર ભાનૂ।

લીલ્યો તાહિ મધુર ફલ જાનૂ॥18॥

પ્રભુ મુદ્રિકા મેલિ મુખ માહીં।

જલધિ લાંઘિ ગયે અચરજ નાહીં॥19॥

દુર્ગમ કાજ જગત કે જેતે।

સુગમ અનુગ્રહ તુમ્હરે તેતે॥20॥

રામ દુઆરે તુમ રખવારે।

હોત ન આજ્ઞા બિનુ પૈસારે॥21॥

સબ સુખ લહૈ તુમ્હારી સરના।

તુમ રક્ષક કાહૂ કો ડરના॥22॥

આપન તેજ સમ્હારો આપૈ।

તીનોં લોક હાંકતે કાઁપૈ॥23॥

ભૂત પિશાચ નિકટ નહિં આવૈ।

મહાવીર જબ નામ સુનાવૈ॥24॥

નાસૈ રોગ હરે સબ પીરા।

જપત નિરંતર હનુમત બીરા॥25॥

સંકટ તે હનુમાન છુડાવૈ।

મન ક્રમ વચન ધ્યાન જો લાવૈ॥26॥

સબ પર રામ તપસ્વી રાજા।

તિનકે કાજ સકલ તુમ સાજા॥27॥

ઔર મનોરથ જો કોઈ લાવૈ।

સોઈ અમિત જીવન ફલ પાવૈ॥28॥

ચારોં જુગ પરતાપ તુમ્હારા।

હૈ પ્રસિદ્ધ જગત ઉજિયારા॥29॥

સાધુ સંત કે તુમ રખવારે।

અસુર નિકંદન રામ દુલારે॥30॥

અષ્ટ સિદ્ધિ નૌ નિધિ કે દાતા।

અસ બર દીન જાનકી માતા॥31॥

રામ રસાયન તુમ્હરે પાસા।

સદા રહો રઘુપતિ કે દાસા॥32॥

તુમ્હરે ભજન રામ કો પાવૈ।

જનમ જનમ કે દુઃખ બિસરાવૈ॥33॥

અંત કાલ રઘુવર પુર જાઈ।

જહાં જનમ હરિ ભક્ત કહાઈ॥34॥

ઔર દેવતા ચિત્ત ના ધરઈ।

હનુમત સેઇ સર્વ સુખ કરઈ॥35॥

સંકટ કટૈ મિટૈ સબ પીરા।

જો સુમિરૈ હનુમત બલ બીરા॥36॥

જય જય જય હનુમાન ગોસાઈ।

કૃપા કરહુ ગુરુદેવ કી નાઈ॥37॥

જો સત બાર પાઠ કર કોઈ।

છુટહિ બંદી મહાસુખ હોઈ॥38॥

જો યહ પડૈ હનુમાન ચાલીસા।

હોય સિદ્ધિ સાખી ગૌરીસા॥39॥

તુલસીદાસ સદા હરિ ચેરા।

કિજૈ નાથ હ્રદય મહઁ ડેરા॥40॥

॥દોહા॥

પવનતનય સંકટ હરન, મંગલ મૂરતિ રૂપ।

રામ લખન સીતા સહિત, હ્રદય બસહુ સુરભૂપ॥

સંકટ મોચન હનુમાન અષ્ટ

બાલ સમય રવિ ભક્ષિ લિયો તબ,

તીનહું લોક ભયો અંધિયારો।

તાહિ સોં ત્રાસ ભયો જગ કો,

યહ સંકટ કાહુ સોં જાત ના ટારો॥

દેવન આની કરી બિનતી તબ,

છાંડિ દિયો રવિ કષ્ટ નિવારો।

કો નહિં જાનત હૈ જગ મેં કપિ,

સંકટ મોચન નામ તિહારો॥1॥

બાલિ કી ત્રાસ કપીસ બસૈ ગિરી,

જાત મહાપ્રભુ પંથ નિહારો।

ચૌંકિ મહામુનિ સાપ દિયો તબ,

ચાહીએ કૌન બિચાર બિચારો॥

કૈ દ્વિજ રૂપ લિવાય મહાપ્રભુ,

સો તુમ દાસ કે સોક નિવારો।

કો નહીં જાનત હૈ જબ મેં કપિ,

સંકટ મોચન નામ તિહારો॥2॥

અંગદ કે સંગ લેન ગએ સિય,

ખોજ કપીસ યહ બૈન ઉચારો।

જીવત ન બચિહૌ હમ સોં જુ,

બિના સુધિ લાએ ઇહાઁ પગુ ધારો॥

હેરી થકે તટ સિંધુ સબૈ તબ,

લાએ સિયા સુધિ પ્રાણ ઉબારો।

કો નહીં જાનત હૈ જગ મેં કપિ,

સંકટ મોચન નામ તિહારો॥3॥

રાવણ ત્રાસ દઈ સિય કો સબ,

રાક્ષસી સોં કહી સોક નિવારો।

તાહિ સમય હનુમાન મહાપ્રભુ,

જાએ મહા રજનીચર મારો॥

ચાહત સિય અસોક સોં આગિ સુ,

દૈ પ્રભુ મુદ્રિકા સોક નિવારો।

કો નહીં જાનત હૈ જગ મેં કપિ,

સંકટ મોચન નામ તિહારો॥4॥

બાન લગ્યો ઉર લછિમન કે તબ,

પ્રાણ તજે સુત રાવણ મારો।

લૈ ગૃહ બૈદ્ય સુષેન સમેત,

તબૈ ગિરી દ્રોણ સુ બીર ઉપરો॥

આનિ સજીવન હાથ દિએ તબ,

લછિમન કે તુમ પ્રાણ ઉબારો।

કો નહીં જાનત હૈ જગ મેં કપિ,

સંકટ મોચન નામ તિહારો॥5॥

રાવણ યુદ્ધ અજાન કિયો તબ,

નાગ કી ફ઼ાઁસ સિર ડારો।

શ્રી રઘુનાથ સમેત સબૈ દલ,

મોહ ભયો યહ સંકટ ભારો॥

આનિ ખગેસ તબૈ હનુમાન જુ,

બંધન કાટિ સુત્રાસ નિવારો।

કો નહીં જાનત હૈ જગ મેં કપિ,

સંકટ મોચન નામ તિહારો॥6॥

બંધુ સમેત જબૈ અહિરાવણ,

લૈ રઘુનાથ પાતાલ સિધારો।

દેવિહીં પૂજિ ભલી વિધિ સોં બલિ,

દેઉ સબૈ મિલિ મંત્ર વિચારો॥

જાએ સહાએ ભયો તબ હી,

અહિરાવણ સૈન્ય સમેત સંહારો।

કો નહીં જાનત હૈ જગ મેં કપિ,

સંકટ મોચન નામ તિહારો॥7॥

કાજ કિએ બડ દેવન કે તુમ,

વીર મહાપ્રભુ દેખિ બિચારો।

કૌન સો સંકટ મોર ગરીબ કો,

જો તુમસો નહિં જાત હૈ ટારો॥

બેગિ હરો હનુમાન મહાપ્રભુ,

જો કછુ સંકટ હોએ હમારો।

કો નહીં જાનત હૈ જગ મેં કપિ,

સંકટ મોચન નામ તિહારો॥8॥

॥દોહા॥

લાલ દેહ લાલી લસે, અરુ ધરિ લાલ લંગૂર।

બજ્ર દેહ દાનવ દલન, જય જય જય કપિ સૂર॥

હનુમાન બજરંગ બાણ

નિશ્ચય પ્રેમ પ્રતીતિ તે, બિનય કરૈ સનમાન।

તેહિ કે કારજ સકલ શુભ સિદ્ધ કરૈ હનુમાન॥

જય હનુમંત સંત હિતકારી, સુન લીજૈ પ્રભુ અરજ હમારી॥

જન કે કાજ બિલંબ ન કીજૈ, આતુર દૌરિ મહા સુખ દીજૈ॥

જૈસે કૂદિ સિંધુ મહિપારા, સુરસા બદન પૈઠિ બિસ્તારા॥

આગે જાય લંકિની રોકા, મારેહુ લાત ગઈ સુરલોકા॥

જાય બિભીષન કો સુખ દીન્હા, સીતા નિરીખ પરમપદ લીન્હા॥

બાગ ઉજારિ સિંધુ મહઁ બોરા, અતિ આતુર જમકાતર તોરા॥

અક્ષય કુમાર મારિ સંહારા, લૂમ લપેટિ લંક કો જારા॥

લાહ સમાન લંક જરિ ગઈ, જય જય ધુનિ સુરપુર નભ ભઈ॥

અબ બિલંબ કેહિ કારન સ્વામી, કૃપા કરહુ ઉર અંતરયામી॥

જય જય લખન પ્રાન કે દાતા, આતુર હ્વૈ દુખ કરહુ નિપાતા॥

જૈ હનુમાન જયતિ બલ-સાગર, સુર-સમૂહ-સમરથ ભટ-નાગર॥

ૐ હનુ હનુ હનુ હનુમત હઠીલે, બૈરિહિ મારુ બજ્ર કી કીલે॥

ॐ હ્રીં હ્રીં હ્રીં હનુમંત કપીસા, ॐ હું હું હું હનુ અરિ ઉર સીસા॥

જય અંજનિ કુમાર બલવંતા, શંકરસુવન બીર હનુમંતા॥

બદન કરાલ કાલ-કુલ-ઘાલક, રામ સહાય સદા પ્રતિપાલક॥

ભૂત પ્રેત પિસાચ નિસાચર, અગિન બેતાલ કાલ મારી મર॥

ઇન્હે મારુ તોહિ સપથ રામ કી, રાખુ નાથ મરજાદ નામ કી॥

સત્ય હોહુ હરિ સપથ પાઈ કૈ, રામ દૂત ધરુ મારુ ધાઇ કૈ॥

જય જય જય હનુમંત અગાધા, દુખ પાવત જન કેહિ અપરાધા॥

પૂજા જપ તપ નેમ અચારા, નહિં જાનત કછુ દાસ તુમ્હારા॥

બન ઉપબન મગ ગિરિ ગૃહ માહીં, તુમ્હારે બલ હૌ ડરપત નાહીં॥

જનકસુતા હરિ દાસ કહાવૌ, તાકી સપથ બિલંબ ન લાવૌ॥

જૈ જૈ જૈ ધુનિ હોત અકાસા, સુમિરત હોય દુસહ દુખ નાસા॥

ચરન પકરિ કર જોરિ મનાવૌં, યહિ ઔસર અબ કેહિ ગોહરાવૌં॥

ઉઠુ ઉઠુ ચલુ તોહિ રામ દુહાઈ, પાઁય પરૌ કર જોરિ મનાઈ॥

ॐ ચં ચં ચં ચં ચપલ ચલંતા, ॐ હનુ હનુ હનુ હનુમંતા॥

ॐ હં હં હાઁક દેતે કપિ ચંચલ, ॐ સં સં સહમિ પરાને ખલ-દલ॥

અપને જન કો તુરત ઉબારૌ, સુમિરત હોય આનંદ હમારૌ॥

યહ બજરંગ બાણ જેહિ મારૈ, તાહિ કહૌ ફિરિ કવન ઉબારૈ॥

પાઠ કરૈ બજરંગ બાણ કી, હનુમત રક્ષા કરૈ પ્રાન કી॥

યહ બજરંગ બાણ જો જાપૈ, તાસોં ભૂત-પ્રેત સબ કાંપૈ॥

ધૂપ દેય જો જપૈ હમેસા, તાકે તન નહિં રહૈ કલેસા॥

ઉર પ્રતીતિ દૃઢ સરન હ્વૈ પાઠ કરૈ ધરિ ધ્યાન।

બાધા સબ હર કરૈ સબ કામ સફલ હનુમાન॥

શ્રી રામ સ્તુતિ

શ્રીરામચંદ્ર કૃપાલુ ભજુ મન હરણ ભવભય દારુણં।

નવકંજ-લોચન કંજમુખ કર-કંજ પદ કંજારુણં॥

કંદર્પ અગણિત અમિત છબિ નવનીલ-નીરદ-સુંદરં।

પટ પીત માનહુ તડિત રૂચિ શુચિ નૌમિ જનકસુતા વરં॥

ભજુ દીનબંધુ દિનેશ દાનવ-દૈત્ય-વંશ-નિકંદનં।

રઘુનંદ આનંદકંદ કોશલચંદ્ર દશરથ-નંદનં॥

સિર મુકુટ કુંડલ તિલક ચારુ ઉદારુ અંગ વિભૂષણં।

આજાનુભુજ શર-ચાપ-ધર સંગ્રામ-જિત-ખરદૂષણં॥

ઇતિ વદતિ તુલસીદાસ શંકર-શેષ-મુનિ-રંજનં।

મમ હૃદય કંજ-નિવાસ કુરુ કામાદિ ખલ-દલ-ગંજનં॥

શ્રી ગણેશજી કી આરતી

જય ગણેશ જય ગણેશ જય ગણેશ દેવા।

માતા જાકી પાર્વતી પિતા મહાદેવા॥

જય ગણેશ જય ગણેશ જય ગણેશ દેવા।

માતા જાકી પાર્વતી પિતા મહાદેવા॥

એક દંત દયાવંત ચાર ભુજા ધારી।

માથે સિંદૂર સોહે મૂસે કી સવારી॥

જય ગણેશ જય ગણેશ જય ગણેશ દેવા।

માતા જાકી પાર્વતી પિતા મહાદેવા॥

અંધન કો આંખ દેત કોઢિન કો કાયા।

બાંઝન કો પુત્ર દેત નિર્ધન કો માયા॥

જય ગણેશ જય ગણેશ જય ગણેશ દેવા।

માતા જાકી પાર્વતી પિતા મહાદેવા॥

હાર ચડે ફૂલ ચડે ઔર ચડે મેવા।

લડ્ડુઅન કા ભોગ લગે સંત કરે સેવા॥

જય ગણેશ જય ગણેશ જય ગણેશ દેવા।

માતા જાકી પાર્વતી પિતા મહાદેવા॥

દીનન કી લાજ રાખો શમ્ભુ સુત વારી।

કામના કો પૂરા કરો જાઉં બલિહારી॥

જય ગણેશ જય ગણેશ જય ગણેશ દેવા।

માતા જાકી પાર્વતી પિતા મહાદેવા॥

શ્રી રઘુવર જી કી આરતી

આરતી કીજૈ શ્રી રઘુવર જી કી,

સત ચિત આનંદ શિવ સુંદર કી॥

દશરથ તનય કૌશલ્ય નંદન।

સુર મુનિ રક્ષક દૈત્ય નિકંદન॥

અનુગત ભક્ત ભક્ત ઉર ચંદન,

મર્યાદા પુરુષોત્તમ વર કી॥

આરતી કીજૈ શ્રી રઘુવર જી કી,

સત ચિત આનંદ શિવ સુંદર કી॥

નિર્ગુણ સગુણ અનૂપ રૂપ નિધિ,

સકલ લોક વંદિત વિભિન્ન વિધિ॥

હરણ શોક-ભય દાયક નવ નિધિ,

માયા રહિત દિવ્ય નર વર કી॥

આરતી કીજૈ શ્રી રઘુવર જી કી,

સત ચિત આનંદ શિવ સુંદર કી॥

જાનકી પતિ સુર અધિપતિ જગપતિ,

અખિલ લોક પાલક ત્રિલોક ગતિ॥

વિશ્વ વંદ્ય અનવંદ્ય અમિત-મતિ,

એક માત્ર ગતિ સચરાચર કી॥

આરતી કીજૈ શ્રી રઘુવર જી કી,

સત ચિત આનંદ શિવ સુંદર કી॥

શરણાગત વત્સલ વ્રતધારી,

ભક્ત કલ્પ તરુવર અસુરારી॥

નામ લેત જગ પાવનકારી,

વાનર સખા દીન દુખ હર કી॥

આરતી કીજૈ શ્રી રઘુવર જી કી,

સત ચિત આનંદ શિવ સુંદર કી॥

શ્રી હનુમાન જી ની આરતી

આરતી કીજૈ હનુમાન લલા કી, દુષ્ટદલન રઘુનાથ કલા કી॥

જાકે બળ સે ગિરિવર કાંપૈ, રોગ દોષ જાકે નિકટ ન ઝાંકૈ॥

અંજનિ પુત્ર મહા બળ દાઈ, સંતન કે પ્રભુ સદા સહાઈ॥

દે બીરા રઘુનાથ પઠાયે, લંકા જારિ સિય સુધિ લાયે॥

લંકા સો કોટી સમુદ્ર સી ખાઈ, જાત પવનસુત બાર ન લાઈ॥

લંકા જારિ અસુર સંહારે, સિયારામ જી કે કાજ સંવારે॥

પૈઠિ પાતાલ તોરિ જમ કારે, અહિરાવન કી ભુજા ઉખારે॥

બાયેં ભુજા અસુર દલ મારે, દાહિને ભુજા સન્ત જન તારે॥

સુર નર મુનિ જન આરતી ઉતારે, જય જય જય હનુમાન ઉચારે॥

કંચન થાલ કપૂર લૌ છાઈ, આરતી કરત અંજના માઈ॥

જો હનુમાન જી કી આરતી ગાવૈ, બસિ બૈકુંઠ પરમપદ પાવૈ॥

॥ ਦੋਹਾ ॥

ਸ੍ਰੀ ਗੁਰੂ ਚਰਣ ਸਰੋਜ ਰੱਜ, ਨਿਜ ਮਨੁ ਮੁਕੁਰੁ ਸੁਧਾਰਿ।

ਬਰਨਉ ਰਘੁਬਰ ਬਿਮਲ ਜਸੁ, ਜੋ ਦਾਯਕੁ ਫਲ ਚਾਰਿ ॥

ਬੁੱਧੀਹੀਣ ਤਨੁ ਜਾਨਿਕੇ, ਸੁਮਿਰੌਂ ਪਵਨ ਕੁਮਾਰ।

ਬਲ ਬੁਧਿ ਵਿਦਿਆ ਦੇਹੁ ਮੋਹਿੰ, ਹਰਹੁ ਕਲੇਸ ਬਿਕਾਰ ॥

॥ ਚੌਪਾਈ ॥

ਜੈ ਹਨੁਮਾਨ ਗਜਾਨ ਗੁਨ ਸਾਗਰ।

ਜੈ ਕਪਿਸ ਤਿਹੁੰ ਲੋਕ ਉਜਾਗਰ ॥1॥

ਰਾਮਦੂਤ ਅਤੁਲਿਤ ਬਲ ਧਾਮਾ।

ਅੰਜਨਿ ਪੁੱਤ੍ਰ ਪਵਨਸੁਤ ਨਾਮਾ ॥2॥

ਮਹਾਵੀਰ ਵਿਕਰਮ ਬਜਰੰਗੀ।

ਕੁਮਤਿ ਨਿਵਾਰ ਸੁਮਤਿ ਕੇ ਸੰਗੀ॥3॥

ਕੰਚਨ ਬਰਣ ਬਿਰਾਜ ਸੁਬੇਸਾ।

ਕਾਨਨ ਕੁੰਡਲ ਕੁੰਚਿਤ ਕੇਸਾ॥4॥

ਹਾਥ ਵਜਰ ਔਰ ਦਵਜਾ ਬਿਰਾਜੈ।

ਕਾਂਧੇ ਮੂੰਜ ਜਨੇਊ ਸਾਜੈ॥5॥

ਸੰਕਰ ਸੁਵਨ ਕੇਸਰਿ ਨੰਦਨ।

ਤੇਜ ਪ੍ਰਤਾਪ ਮਹਾ ਜਗ ਵੰਦਨ॥6॥

ਵਿੱਦਿਆਵਾਨ ਗੁਨਿ ਅਤਿ ਚਾਤੁਰ।

ਰਾਮ ਕਾਜ ਕਰਿਬੇ ਕੋ ਆਤੁਰ॥7॥

ਪ੍ਰਭੁ ਚਰਿਤ੍ਰ ਸੁਨਿਬੇ ਕੋ ਰਸਿਯਾ।

ਰਾਮ ਲਖਨ ਸੀਤਾ ਮਨ ਬਸਿਯਾ॥8॥

ਸੁਕਸ਼ਮ ਰੂਪ ਧਰਿ ਸਿਯਹਿ ਦਿਖਾਵਾ।

ਵਿਕਟ ਰੂਪ ਧਰਿ ਲੰਕ ਜਰਾਵਾ॥9॥

ਭੀਮ ਰੂਪ ਧਰਿ ਅਸੁਰ ਸੰਹਾਰੇ।

ਰਾਮਚੰਦਰ ਕੇ ਕਾਜ ਸੰਵਾਰੇ॥10॥

ਲਾਯੇ ਸਜੀਵਨ ਲਖਨ ਜਿਯਾਯੇ।

ਸ਼੍ਰੀ ਰਘੁਵੀਰ ਹਰਸ਼ਿ ਉਰ ਲਾਯੇ॥11॥

ਰਘੁਪਤਿ ਕਿਨਹਿ ਬਹੁਤ ਬੜ੍ਹਾਈ।

ਤੁਮ ਮਮ ਪ੍ਰਿਯ ਭਰਤਹਿ ਸਮ ਭਾਈ॥12॥

ਸਹਸ ਬਦਨ ਤੁਮ੍ਹਰੋ ਜਸ ਗਾਵੈਂ।

ਅਸ ਕਹਿ ਸ੍ਰੀਪਤਿ ਕੰਠ ਲਗਾਵੈਂ॥13॥

ਸਨਕਾਦਿਕ ਬ੍ਰਹਮਾਦਿ ਮੁਨਿਸਾ।

ਨਾਰਦ ਸਾਰਦ ਸਹਿਤ ਅਹਿਸਾ॥14॥

ਜਮ ਕੁਬੇਰ ਦਿਗਪਾਲ ਜਹਾਂ ਤੇ।

ਕਵਿ ਕੋਵਿਦ ਕਹਿ ਸਕੇ ਕਹਾਂ ਤੇ॥15॥

ਤੁਮ ਉਪਕਾਰ ਸੁਗ੍ਰੀਵਹਿਂ ਕੀਨ੍ਹਾ।

ਰਾਮ ਮਿਲਾਯੇ ਰਾਜਪਦ ਦੀਨ੍ਹਾ॥16॥

ਤੁਮ੍ਹਰੋ ਮੰਤ੍ਰ ਵਿਭੀਸ਼ਨ ਮਾਨਾ।

ਲੰਕੇਸ਼ਵਰ ਭਯੇ ਸਬ ਜਗ ਜਾਨਾ॥17॥

ਜੁਗ ਸਹਸਤ੍ਰ ਜੋਜਨ ਪਰ ਭਾਨੂ।

ਲੀਲਜੋ ਤਾਹਿ ਮਧੁਰ ਫਲ ਜਾਨੂ॥18॥

ਪ੍ਰਭੁ ਮੁਦ੍ਰਿਕਾ ਮੇਲਿ ਮੁਖ ਮਾਹੀਂ।

ਜਲਧਿ ਲਾਂਘਿ ਗਯੇ ਅਚਰਜ ਨਾਹੀਂ॥19॥

ਦੁਰਗਮ ਕਾਜ ਜਗਤ ਕੇ ਜੇਤੇ।

ਸੁਗਮ ਅਨੁਗ੍ਰਹ ਤੁਮ੍ਹਰੇ ਤੇਤੇ॥20॥

ਰਾਮ ਦੁਆਰੇ ਤੁਮ ਰਖਵਾਰੇ।

ਹੋਤ ਨ ਆਗਜਾ ਬਿਨੁ ਪੈਸਾਰੇ॥21॥

ਸਬ ਸੁਖ ਲਹੈ ਤੁਮ੍ਹਾਰੀ ਸਰਨਾ।

ਤੁਮ ਰਕਸ਼ਕ ਕਾਹੂ ਕੋ ਡਰਨਾ॥22॥

ਆਪਨ ਤੇਜ ਸਮ੍ਹਾਰੋ ਆਪੈ।

ਤੀਨੋਂ ਲੋਕ ਹਾਂਕਤੇ ਕਾਂਪੈ॥23॥

ਭੂਤ ਪਿਸ਼ਾਚ ਨਿਕਟ ਨਹਿੰ ਆਵੈ।

ਮਹਾਵੀਰ ਜਬ ਨਾਮ ਸੁਨਾਵੈ॥24॥

ਨਾਸੈ ਰੋਗ ਹਰੇ ਸਬ ਪੀਰਾ।

ਜਪਤ ਨਿਰੰਤਰ ਹਨੁਮਤ ਬੀਰਾ॥25॥

ਸੰਕਟ ਤੇ ਹਨੁਮਾਨ ਛੁੜਾਵੈ।

ਮਨ ਕ੍ਰਮ ਵਚਨ ਧਜਾਨ ਜੋ ਲਾਵੈ॥26॥

ਸਬ ਪਰ ਰਾਮ ਤਪਸਵੀ ਰਾਜਾ।

ਤਿਨਕੇ ਕਾਜ ਸਕਲ ਤੁਮ ਸਾਜਾ॥27॥

ਔਰ ਮਨੋਰਥ ਜੋ ਕੋਈ ਲਾਵੈ।

ਸੋਈ ਅਮਿਤ ਜੀਵਨ ਫਲ ਪਾਵੈ॥28॥

ਚਾਰੋਂ ਜੁਗ ਪਰਤਾਪ ਤੁਮ੍ਹਾਰਾ।

ਹੈ ਪਰਸਿੱਧ ਜਗਤ ਉਜਿਯਾਰਾ॥29॥

ਸਾਧੁ ਸੰਤ ਕੇ ਤੁਮ ਰਖਵਾਰੇ।

ਅਸੁਰ ਨਿਕੰਦਨ ਰਾਮ ਦੁਲਾਰੇ॥30॥

ਅਸ਼ਟ ਸਿਧਿ ਨੌ ਨਿਧਿ ਕੇ ਦਾਤਾ।

ਅਸ ਬਰ ਦੀਨ੍ਹ ਜਾਨਕੀ ਮਾਤਾ॥31॥

ਰਾਮ ਰਸਾਯਨ ਤੁਮ੍ਹਰੇ ਪਾਸਾ।

ਸਦਾ ਰਹੋ ਰਘੁਪਤਿ ਕੇ ਦਾਸਾ॥32॥

ਤੁਮ੍ਹਰੇ ਭਜਨ ਰਾਮ ਕੋ ਪਾਵੈ।

ਜਨਮ ਜਨਮ ਕੇ ਦੁਖ ਬਿਸਰਾਵੈ॥33॥

ਅੰਤ ਕਾਲ ਰਘੁਬਰ ਪੁਰ ਜਾਈ।

ਜਹਾਂ ਜਨਮ ਹਰਿ ਭਕਤ ਕਹਾਈ॥34॥

ਔਰ ਦੇਵਤਾ ਚਿੱਤ ਨਾ ਧਰਈ।

ਹਨੁਮਤ ਸੇਇ ਸਰਵ ਸੁਖ ਕਰਈ॥35॥

ਸੰਕਟ ਕਟੈ ਮਿਟੈ ਸਬ ਪੀਰਾ।

ਜੋ ਸੁਮਿਰੈ ਹਨੁਮਤ ਬਲ ਬੀਰਾ॥36॥

ਜੈ ਜੈ ਜੈ ਹਨੁਮਾਨ ਗੋਸਾਈ।

ਕ੍ਰਿਪਾ ਕਰਹੁ ਗੁਰੂਦੇਵ ਕੀ ਨਾਈ॥37॥

ਜੋ ਸਤ ਬਾਰ ਪਾਠ ਕਰ ਕੋਈ।

ਛੁਟਹਿ ਬੰਦੀ ਮਹਾਸੁਖ ਹੋਈ॥38॥

ਜੋ ਯਹ ਪੜ੍ਹੈ ਹਨੁਮਾਨ ਚਾਲੀਸਾ।

ਹੋਏ ਸਿਧਿ ਸਾਖੀ ਗੌਰੀਸਾ॥39॥

ਤੁਲਸੀਦਾਸ ਸਦਾ ਹਰਿ ਚੇਰਾ।

ਕਿਜੈ ਨਾਥ ਹ੍ਰਿਦਯ ਮਹਂ ਡੇਰਾ॥40॥

॥ਦੋਹਾ॥

ਪਵਨਤਨਯ ਸੰਕਟ ਹਰਨ, ਮੰਗਲ ਮੂਰਤਿ ਰੂਪ।

ਰਾਮ ਲਖਨ ਸੀਤਾ ਸਹਿਤ, ਹ੍ਰਿਦਯ ਬਸਹੁ ਸੁਰ ਭੂਪ॥

ਸੰਕਟ ਮੋਚਨ ਹਨੁਮਾਨ ਅਸ਼ਟਕ

ਬਾਲ ਸਮਯ ਰਵਿ ਭਕ੍ਸ਼ਿ ਲਿਯੋ ਤਬ, ਤੀਨਹੁੰ ਲੋਕ ਭਯੋ ਅੰਧਿਯਾਰੋ।

ਤਾਹਿ ਸੋਂ ਤ੍ਰਾਸ ਭਯੋ ਜਗ ਕੋ, ਯਹ ਸੰਕਟ ਕਾਹੁ ਸੋਂ ਜਾਤ ਨਾ ਟਾਰੋ॥

ਦੇਵਨ ਆਨੀ ਕਰੀ ਬਿਨਤੀ ਤਬ, ਛਾਂੜਿ ਦਿਯੋ ਰਵਿ ਕਸ਼ਟ ਨਿਵਾਰੋ।

ਕੋ ਨਹਿ ਜਾਨਤ ਹੈ ਜਗ ਮੇਂ ਕਪਿ, ਸੰਕਟ ਮੋਚਨ ਨਾਮ ਤਿਹਾਰੋ॥1॥

ਬਾਲਿ ਕੀ ਤ੍ਰਾਸ ਕਪੀਸ ਬਸੈ ਗਿਰੀ, ਜਾਤ ਮਹਾਪ੍ਰਭੁ ਪੰਥ ਨਿਹਾਰੋ।

ਚੌਂਕੀ ਮਹਾਂਮੁਨੀ ਸਾਪ ਦਿਯੋ ਤਬ, ਚਾਹਿਏ ਕੌਨ ਬਿਚਾਰ ਬੀਚਾਰੋ॥

ਕੈ ਦ੍ਵਿਜ ਰੂਪ ਲਿਵਾਯ ਮਹਾਪ੍ਰਭੁ, ਸੋ ਤੁਮ ਦਾਸ ਕੇ ਸੋਕ ਨਿਵਾਰੋ।

ਕੋ ਨਹੀਂ ਜਾਨਤ ਹੈ ਜਗ ਮੇਂ ਕਪਿ, ਸੰਕਟ ਮੋਚਨ ਨਾਮ ਤਿਹਾਰੋ॥2॥

ਅੰਗਦ ਕੇ ਸੰਗ ਲੇਨ ਗਏ ਸਿਯ, ਖੋਜ ਕਪੀਸ ਯਹ ਬੈਨ ਉਚਾਰੋ।

ਜੀਵਤ ਨ ਬਚਿਹੌ ਹਮ ਸੋਂ ਜੁ, ਬਿਨਾ ਸੁਧਿ ਲਾਏ ਇਹਾਂ ਪਗੁ ਧਾਰੋ॥

ਹੇਰੀ ਥਕੇ ਤਟ ਸਿੰਧੁ ਸਬੈ ਤਬ, ਲਾਏ ਸਿਯਾ ਸੁਧਿ ਪ੍ਰਾਣ ਉਬਾਰੇ।

ਕੋ ਨਹੀਂ ਜਾਨਤ ਹੈ ਜਗ ਮੇਂ ਕਪਿ, ਸੰਕਟ ਮੋਚਨ ਨਾਮ ਤਿਹਾਰੋ॥3॥

ਰਾਵਣ ਤ੍ਰਾਸ ਦਈ ਸਿਯ ਕੋ ਸਬ, ਰਾਕਸ਼ਸੀ ਸੋਂ ਕਹੀ ਸੋਕ ਨਿਵਾਰੋ।

ਤਾਹਿ ਸਮਯ ਹਨੁਮਾਨ ਮਹਾਪ੍ਰਭੁ, ਜਾਏ ਮਹਾ ਰਜਨੀਚਰ ਮਾਰੋ॥

ਚਾਹਤ ਸਿਯ ਅਸੋਕ ਸੋਂ ਆਗਿ ਸੁ, ਦੈ ਪ੍ਰਭੁ ਮੁਦ੍ਰਿਕਾ ਸੋਕ ਨਿਵਾਰੋ।

ਕੋ ਨਹੀਂ ਜਾਨਤ ਹੈ ਜਗ ਮੇਂ ਕਪਿ, ਸੰਕਟ ਮੋਚਨ ਨਾਮ ਤਿਹਾਰੋ॥4॥

ਬਾਨ ਲਗਜੋ ਉਰ ਲਛਿਮਨ ਕੇ ਤਬ, ਪ੍ਰਾਣ ਤਜੇ ਸੁਤ ਰਾਵਣ ਮਾਰੋ।

ਲੈ ਗ੍ਰਹਿ ਬੈਧਜ ਸੁਸ਼ੇਨ ਸਮੇਤ, ਤਬੈ ਗਿਰੀ ਦ੍ਰੋਣ ਸੁ ਬੀਰ ਉਪਾਰੋ॥

ਆਨਿ ਸਜੀਵਨ ਹਾਥ ਦਿਏ ਤਬ, ਲਛਿਮਨ ਕੇ ਤੁਮ ਪ੍ਰਾਣ ਉਬਾਰੋ।

ਕੋ ਨਹੀਂ ਜਾਨਤ ਹੈ ਜਗ ਮੇਂ ਕਪਿ, ਸੰਕਟ ਮੋਚਨ ਨਾਮ ਤਿਹਾਰੋ॥5॥

ਰਾਵਣ ਯੁੱਧ ਅਜਾਨ ਕਿਯੋ ਤਬ, ਨਾਗ ਕੀ ਫਾਂਸ ਸਿਰ ਡਾਰੋ।

ਸ੍ਰੀ ਰਘੁਨਾਥ ਸਮੇਤ ਸਬੈ ਦਲ, ਮੋਹ ਭਯੋ ਯਹ ਸੰਕਟ ਭਾਰੋ॥

ਆਨਿ ਖਗੇਸ ਤਬੈ ਹਨੁਮਾਨ ਜੁ, ਬੰਧਨ ਕਾਟਿ ਸੁਤ੍ਰਾਸ ਨਿਵਾਰੋ।

ਕੋ ਨਹੀਂ ਜਾਨਤ ਹੈ ਜਗ ਮੇਂ ਕਪਿ, ਸੰਕਟ ਮੋਚਨ ਨਾਮ ਤਿਹਾਰੋ॥6॥

ਬੰਧੁ ਸਮੇਤ ਜਬੈ ਅਹਿਰਾਵਣ, ਲੈ ਰਘੁਨਾਥ ਪਾਤਾਲ ਸਿਧਾਰੋ।

ਦੇਵਿਹੀਂ ਪੂਜਿ ਭਲੀ ਵਿਧਿ ਸੋਂ ਬਲਿ, ਦੇਉ ਸਬੈ ਮਿਲਿ ਮੰਤ੍ਰ ਵਿਚਾਰੋ॥

ਜਾਏ ਸਹਾਏ ਭਯੋ ਤਬ ਹੀ, ਅਹਿਰਾਵਣ ਸੈਨਜ ਸਮੇਤ ਸੰਹਾਰੋ।

ਕੋ ਨਹੀਂ ਜਾਨਤ ਹੈ ਜਗ ਮੇਂ ਕਪਿ, ਸੰਕਟ ਮੋਚਨ ਨਾਮ ਤਿਹਾਰੋ॥7॥

ਕਾਜ ਕੀਏ ਬੜ ਦੇਵਨ ਕੇ ਤੁਮ, ਵੀਰ ਮਹਾਪ੍ਰਭੁ ਦੇਖਿ ਬੀਚਾਰੋ।

ਕੌਨ ਸੋ ਸੰਕਟ ਮੋਰ ਗਰੀਬ ਕੋ, ਜੋ ਤੁਮਸੋ ਨਹਿੰ ਜਾਤ ਹੈ ਟਾਰੋ॥

ਬੇਗਿ ਹਰੋ ਹਨੁਮਾਨ ਮਹਾਪ੍ਰਭੁ, ਜੋ ਕਛੁ ਸੰਕਟ ਹੋਏ ਹਮਾਰੋ।

ਕੋ ਨਹੀਂ ਜਾਨਤ ਹੈ ਜਗ ਮੇਂ ਕਪਿ, ਸੰਕਟ ਮੋਚਨ ਨਾਮ ਤਿਹਾਰੋ॥8॥

॥ਦੋਹਾ॥

ਲਾਲ ਦੇਹ ਲਾਲੀ ਲਸੇ, ਅਰੁ ਧਰਿ ਲਾਲ ਲੰਗੂਰ।

ਬਜ੍ਰ ਦੇਹ ਦਾਨਵ ਦਲਨ, ਜੈ ਜੈ ਜੈ ਕਪਿ ਸੂਰ॥

ਹਨੁਮਾਨ ਬਜਰੰਗ ਬਾਣ

ਨਿਸ਼ਚੇ ਪ੍ਰੇਮ ਪ੍ਰਤੀਤਿ ਤੇ ਬਿਨਯ ਕਰੈ ਸਨਮਾਨ।

ਤੇਹਿ ਕੇ ਕਾਰਜ ਸਕਲ ਸ਼ੁਭ ਸਿੱਧ ਕਰੈ ਹਨੁਮਾਨ॥

ਜਯ ਹਨੁਮੰਤ ਸੰਤ ਹਿਤਕਾਰੀ, ਸੁਨ ਲੀਜੈ ਪ੍ਰਭੁ ਅਰਜ ਹਮਾਰੀ॥

ਜਾਨ ਕੇ ਕਾਜ ਬਿਲੰਬ ਨ ਕੀਜੈ, ਆਤੁਰ ਦੌਰਿ ਮਹਾ ਸੁਖ ਦੀਜੈ॥

ਜੈਸੇ ਕੂਦਿ ਸਿੰਧੁ ਮਹਿਪਾਰਾ, ਸੁਰਸਾ ਬਦਨ ਪੈਠਿ ਬਿਸ੍ਤਾਰਾ॥

ਆਗੇ ਜਾਯ ਲੰਕੀਨੀ ਰੋਕਾ, ਮਾਰੇਹੁ ਲਾਤ ਗਈ ਸੁਰਲੋਕਾ॥

ਜਾਯ ਬਿਭੀਸ਼ਨ ਕੋ ਸੁਖ ਦੀਨ੍ਹਾ, ਸੀਤਾ ਨਿਰੀਖ ਪਰਮਪਦ ਲੀਨ੍ਹਾ॥

ਬਾਗ ਉਜਾਰਿ ਸਿੰਧੁ ਮਹੰ ਬੋਰਾ, ਅਤਿ ਆਤੁਰ ਜਮਕਾਤਰ ਤੋਰਾ॥

ਅਕਸ਼ਯ ਕੁਮਾਰ ਮਾਰੀ ਸੰਹਾਰਾ, ਲੂਮ ਲਪੇਟਿ ਲੰਕ ਕੋ ਜਾਰਾ॥

ਲਾਹ ਸਮਾਨ ਲੰਕ ਜਰਿ ਗਈ, ਜਯ ਜਯ ਧੁਨਿ ਸੁਰਪੁਰ ਨਭ ਭਈ॥

ਅਬ ਬਿਲੰਬ ਕੇਹਿ ਕਾਰਨ ਸਵਾਮੀ, ਕ੍ਰਿਪਾ ਕਰਹੁ ਉਰ ਅੰਤਰਯਾਮੀ॥

ਜਯ ਜਯ ਲਖਨ ਪ੍ਰਾਨ ਕੇ ਦਾਤਾ, ਆਤੁਰ ਹ੍ਵੈ ਦੁਖ ਕਰਹੁ ਨਿਪਾਤਾ॥

ਜੈ ਹਨੁਮਾਨ ਜਯਤਿ ਬਲ-ਸਾਗਰ, ਸੁਰ-ਸਮੂਹ-ਸਮਰਥ ਭਟ-ਨਗਰ॥

ੴ ਹਨੁ ਹਨੁ ਹਨੁ ਹਨੁਮਤ ਹਠੀਲੇ, ਬੈਰਿਹਿ ਮਾਰੁ ਬਜ੍ਰ ਕੀ ਕੀਲੇ॥

ॐ ਹ੍ਰੀਂ ਹ੍ਰੀਂ ਹ੍ਰੀਂ ਹਨੁਮੰਤ ਕਪੀਸਾ, ॐ ਹੁੰ ਹੁੰ ਹੁੰ ਹਨੁ ਅਰਿ ਉਰ ਸੀਸਾ॥

ਜਯ ਅੰਜਨਿ ਕੁਮਾਰ ਬਲਵੰਤਾ, ਸ਼ੰਕਰਸੁਵਨ ਬੀਰ ਹਨੁਮੰਤਾ॥

ਬਦਨ ਕਰਾਲ ਕਾਲ-ਕੁਲ-ਘਾਲਕ, ਰਾਮ ਸਹਾਯ ਸਦਾ ਪ੍ਰਤਿਪਾਲਕ॥

ਭੂਤ ਪ੍ਰੇਤ ਪਿਸਾਚ ਨਿਸਾਚਰ, ਅਗਿਨ ਬੇਤਾਲ ਕਾਲ ਮਾਰੀ ਮਰ॥

ਇਨ੍ਹੇ ਮਾਰੁ ਤੋਹਿ ਸਪਥ ਰਾਮ ਕੀ, ਰਾਖੁ ਨਾਥ ਮਰਜਾਦ ਨਾਮ ਕੀ॥

ਸਤਜ ਹੋਹੁ ਹਰਿ ਸਪਥ ਪਾਈ ਕੈ, ਰਾਮ ਦੂਤ ਧਰੁ ਮਾਰੁ ਧਾਇ ਕੈ॥

ਜਯ ਜਯ ਜਯ ਹਨੁਮੰਤ ਅਗਾਧਾ, ਦੁਖ ਪਾਵਤ ਜਨ ਕੇਹਿ ਅਪਰਾਧਾ॥

ਪੂਜਾ ਜਪ ਤਪ ਨੇਮ ਅਚਾਰਾ, ਨਹਿੰ ਜਾਨਤ ਕਛੁ ਦਾਸ ਤੁਮ੍ਹਾਰਾ॥

ਬਨ ਉਪਬਨ ਮਗ ਗਿਰਿ ਗ੍ਰਿਹ ਮਾਹੀਂ, ਤੁਮ੍ਹਾਰੇ ਬਲ ਹੌ ਡਰਪਤ ਨਾਹੀਂ॥

ਜਨਕਸੁਤਾ ਹਰਿ ਦਾਸ ਕਹਾਵੈ, ਤਾਕੀ ਸਪਥ ਬਿਲੰਬ ਨ ਲਾਵੈ॥

ਜੈ ਜੈ ਜੈ ਧੁਨਿ ਹੋਤ ਅਕਾਸਾ, ਸੁਮਿਰਤ ਹੋਯ ਦੁਸਹ ਦੁਖ ਨਾਸਾ॥

ਚਰਨ ਪਕਰਿ ਕਰ ਜੋਰਿ ਮਨਾਵੈਂ, ਯਹਿ ਔਸਰ ਅਬ ਕੇਹਿ ਗੋਹਰਾਵੈਂ॥

ਉਠੁ ਉਠੁ ਚਲੁ ਤੋਹਿ ਰਾਮ ਦੁਹਾਈ, ਪਾਂਯ ਪਰੌ ਕਰ ਜੋਰਿ ਮਨਾਈ॥

ॐ ਚੰ ਚੰ ਚੰ ਚੰ ਚਪਲ ਚਲੰਤਾ, ॐ ਹਨੁ ਹਨੁ ਹਨੁ ਹਨੁਮੰਤਾ॥

ॐ ਹੰ ਹੰ ਹਾਂਕ ਦੇਤੇ ਕਪਿ ਚੰਚਲ, ॐ ਸੰ ਸੰ ਸਹਮਿ ਪਰਾਨੇ ਖਲ-ਦਲ॥

ਅਪਨੇ ਜਨ ਕੋ ਤੁਰਤ ਉਬਾਰੌ, ਸੁਮਿਰਤ ਹੋਯ ਆਨੰਦ ਹਮਾਰੌ॥

ਯਹ ਬਜਰੰਗ ਬਾਣ ਜੇਹਿ ਮਾਰੈ, ਤਾਹਿ ਕਹੌ ਫਿਰਿ ਕਵਨ ਉਬਾਰੈ॥

ਪਾਠ ਕਰੈ ਬਜਰੰਗ ਬਾਣ ਕੀ, ਹਨੁਮਤ ਰਕਸ਼ਾ ਕਰੈ ਪ੍ਰਾਨ ਕੀ॥

ਯਹ ਬਜਰੰਗ ਬਾਣ ਜੋ ਜਾਪੈ, ਤਾਸੋਂ ਭੂਤ ਪ੍ਰੇਤ ਸਬ ਕਾਂਪੈ॥

ਧੂਪ ਦੇਯ ਜੋ ਜਪੈ ਹਮੇਸਾ, ਤਾਕੇ ਤਨ ਨਹਿੰ ਰਹੈ ਕਲੇਸਾ॥

ਉਰ ਪ੍ਰਤੀਤਿ ਦ੍ਰਿੜ ਸਰਨ ਹ੍ਵੈ ਪਾਠ ਕਰੈ ਧਰਿ ਧਜਾਨ॥

ਬਾਧਾ ਸਬ ਹਰ ਕਰੈ ਸਬ ਕਾਮ ਸਫਲ ਹਨੁਮਾਨ॥

ਸ੍ਰੀ ਰਾਮ ਸਤੁਤੀ

ਸ੍ਰੀ ਰਾਮਚੰਦ੍ਰ ਕ੍ਰਿਪਾਲੁ ਭਜੁ ਮਨ ਹਰਣ ਭਵਭਯ ਦਾਰੁਣੰ।

ਨਵਕੰਜ-ਲੋਚਨ ਕੰਜਮੁਖ ਕਰ-ਕੰਜ ਪਦ ਕੰਜਾਰੁਣੰ॥

ਕੰਦਰਪ ਅਗਣਿਤ ਅਮਿਤ ਛਬਿ ਨਵਨੀਲ- ਨੀਰਦ-ਸੁੰਦਰੰ।

ਪਟ ਪੀਤ ਮਾਨਹੁ ਤੜਿਤ ਰੁਚਿ ਸ਼ੁਚਿ ਨੌਮੀ ਜਨਕਸੁਤਾ ਵਰੰ॥

ਭਜੁ ਦੀਨਬੰਧੁ ਦਿਨੇਸ਼ ਦਾਨਵ-ਦੈਤਜ-ਵੰਸ਼- ਨਿਕੰਦਨੰ।

ਰਘੁਨੰਦ ਆਨੰਦਕੰਦ ਕੌਸ਼ਲਚੰਦ੍ਰ ਦਸ਼ਰਥ-ਨੰਦਨੰ॥

ਸਿਰ ਮੁਕਟ ਕੁੰਡਲ ਤਿਲਕ ਚਾਰੁ ਉਦਾਰੁ ਅੰਗ ਵਿਭੂਸ਼ਣੰ।

ਆਜਾਨੁਭੁਜ ਸ਼ਰ-ਚਾਪ-ਧਰ ਸੰਗਰਾਮ-ਜਿਤ-ਖਰਦੂਸ਼ਣੰ॥

ਇਤਿ ਵਦਤਿ ਤੁਲਸੀਦਾਸ ਸ਼ੰਕਰ-ਸ਼ੇਸ਼-ਮੁਨਿ-ਰੰਜਨੰ।

ਮਮ ਹ੍ਰਿਦਯ ਕੰਜ-ਨਿਵਾਸ ਕੁਰੁ ਕਾਮਾਦੀ ਖਲ-ਦਲ-ਗੰਜਨੰ॥

ਸ਼੍ਰੀ ਗਣੇਸ਼ਜੀ ਕੀ ਆਰਤੀ

ਜਯ ਗਣੇਸ਼ ਜਯ ਗਣੇਸ਼ ਜਯ ਗਣੇਸ਼ ਦੇਵਾ।

ਮਾਤਾ ਜਾਕੀ ਪਾਰਵਤੀ ਪਿਤਾ ਮਹਾਦੇਵਾ॥

ਜਯ ਗਣੇਸ਼ ਜਯ ਗਣੇਸ਼ ਜਯ ਗਣੇਸ਼ ਦੇਵਾ।

ਮਾਤਾ ਜਾਕੀ ਪਾਰਵਤੀ ਪਿਤਾ ਮਹਾਦੇਵਾ॥

ਏਕ ਦੰਤ ਦਯਾਵੰਤ ਚਾਰ ਭੁਜਾ ਧਾਰੀ।

ਮਾਥੇ ਸਿੰਦੂਰ ਸੋਹੇ ਮੂਸੇ ਕੀ ਸਵਾਰੀ॥

ਜਯ ਗਣੇਸ਼ ਜਯ ਗਣੇਸ਼ ਜਯ ਗਣੇਸ਼ ਦੇਵਾ।

ਮਾਤਾ ਜਾਕੀ ਪਾਰਵਤੀ ਪਿਤਾ ਮਹਾਦੇਵਾ॥

ਅੰਧਨ ਕੋ ਆਂਖ ਦੇਤ ਕੋੜ੍ਹਿਨ ਕੋ ਕਾਯਾ।

ਬਾਂਝਣ ਕੋ ਪੁਤ੍ਰ ਦੇਤ ਨਿਰਧਨ ਕੋ ਮਾਯਾ॥

ਜਯ ਗਣੇਸ਼ ਜਯ ਗਣੇਸ਼ ਜਯ ਗਣੇਸ਼ ਦੇਵਾ।

ਮਾਤਾ ਜਾਕੀ ਪਾਰਵਤੀ ਪਿਤਾ ਮਹਾਦੇਵਾ॥

ਹਾਰ ਚੜ੍ਹੇ ਫੂਲ ਚੜ੍ਹੇ ਔਰ ਚੜ੍ਹੇ ਮੇਵਾ।

ਲੱਡੂਅਨ ਕਾ ਭੋਗ ਲਗੇ ਸੰਤ ਕਰੇ ਸੇਵਾ॥

ਜਯ ਗਣੇਸ਼ ਜਯ ਗਣੇਸ਼ ਜਯ ਗਣੇਸ਼ ਦੇਵਾ।

ਮਾਤਾ ਜਾਕੀ ਪਾਰਵਤੀ ਪਿਤਾ ਮਹਾਦੇਵਾ॥

ਦੀਨਨ ਕੀ ਲਾਜ ਰਾਖੋ ਸ਼ੰਭੂ ਸੁਤ ਵਾਰੀ।

ਕਾਮਨਾ ਕੋ ਪੂਰਾ ਕਰੋ ਜਾਊਂ ਬਲਿਹਾਰੀ॥

ਜਯ ਗਣੇਸ਼ ਜਯ ਗਣੇਸ਼ ਜਯ ਗਣੇਸ਼ ਦੇਵਾ।

ਮਾਤਾ ਜਾਕੀ ਪਾਰਵਤੀ ਪਿਤਾ ਮਹਾਦੇਵਾ॥

ਸ੍ਰੀ ਰਘੁਬਰ ਜੀ ਕੀ ਆਰਤੀ

ਆਰਤੀ ਕੀਜੈ ਸ੍ਰੀ ਰਘੁਬਰ ਜੀ ਕੀ, ਸਤ ਚਿਤ ਆਨੰਦ ਸ਼ਿਵ ਸੁੰਦਰ ਕੀ॥

ਦਸ਼ਰਥ ਤਨਯ ਕੌਸ਼ਲਯਾ ਨੰਦਨ, ਸੁਰ ਮੁਨਿ ਰਕ੍ਸ਼ਕ ਦੈਤਜ ਨਿਕੰਦਨ॥

ਅਨੁਗਤ ਭਕਤ ਭਕਤ ਉਰ ਚੰਦਨ, ਮਰਯਾਦਾ ਪੁਰਸ਼ੋਤਮ ਵਰ ਕੀ॥

ਆਰਤੀ ਕੀਜੈ ਸ੍ਰੀ ਰਘੁਬਰ ਜੀ ਕੀ, ਸਤ ਚਿਤ ਆਨੰਦ ਸ਼ਿਵ ਸੁੰਦਰ ਕੀ॥

ਨਿਰਗੁਣ ਸਗੁਣ ਅਨੂਪ ਰੂਪ ਨਿਧਿ, ਸਕਲ ਲੋਕ ਵੰਦਿਤ ਵਿਭਿੰਨ ਵਿਧਿ॥

ਹਰਣ ਸ਼ੋਕ-ਭਯ ਦਾਯਕ ਨਵ ਨਿਧਿ, ਮਾਯਾ ਰਹਿਤ ਦਿਵਜ ਨਰ ਵਰ ਕੀ॥

ਆਰਤੀ ਕੀਜੈ ਸ੍ਰੀ ਰਘੁਬਰ ਜੀ ਕੀ, ਸਤ ਚਿਤ ਆਨੰਦ ਸ਼ਿਵ ਸੁੰਦਰ ਕੀ॥

ਜਾਨਕੀ ਪਤਿ ਸੁਰ ਅਧਿਪਤਿ ਜਗਪਤਿ, ਅਖਿਲ ਲੋਕ ਪਾਲਕ ਤ੍ਰਿਲੋਕ ਗਤਿ॥

ਵਿਸ਼ਵ ਵੰਦਜ ਅਨਵੰਦਜ ਅਮਿਤ-ਮਤਿ, ਏਕ ਮਾਤ੍ਰ ਗਤਿ ਸਚਰਾਚਰ ਕੀ॥

ਆਰਤੀ ਕੀਜੈ ਸ੍ਰੀ ਰਘੁਬਰ ਜੀ ਕੀ, ਸਤ ਚਿਤ ਆਨੰਦ ਸ਼ਿਵ ਸੁੰਦਰ ਕੀ॥

ਸ਼ਰਣਾਗਤ ਵਤਸਲ ਵ੍ਰਤਧਾਰੀ, ਭਕਤ ਕਲਪ ਤਰੁਵਰ ਅਸੁਰਾਰੀ॥

ਨਾਮ ਲੇਤ ਜਗ ਪਾਵਨਕਾਰੀ, ਵਾਨਰ ਸਖਾ ਦੀਨ ਦੁਖ ਹਰ ਕੀ॥

ਆਰਤੀ ਕੀਜੈ ਸ੍ਰੀ ਰਘੁਬਰ ਜੀ ਕੀ, ਸਤ ਚਿਤ ਆਨੰਦ ਸ਼ਿਵ ਸੁੰਦਰ ਕੀ॥

ਸ੍ਰੀ ਹਨੂਮਾਨ ਜੀ ਕੀ ਆਰਤੀ

ਆਰਤੀ ਕੀਜੈ ਹਨੁਮਾਨ ਲਲਾ ਕੀ, ਦੁਸ਼ਟਦਲਨ ਰਘੁਨਾਥ ਕਲਾ ਕੀ॥

ਜਾਕੇ ਬਲ ਸੇ ਗਿਰਿਵਰ ਕਾਂਪੈ, ਰੋਗ ਦੋਸ਼ ਜਾਕੇ ਨਿਕਟ ਨ ਝਾਂਕੇ॥

ਅੰਜਨਿ ਪੁਤ੍ਰ ਮਹਾ ਬਲ ਦਾਈ, ਸੰਤਨ ਕੇ ਪ੍ਰਭੁ ਸਦਾ ਸਹਾਈ॥

ਦੇ ਬੀਰਾ ਰਘੁਨਾਥ ਪਠਾਯੇ, ਲੰਕਾ ਜਾਰੀ ਸਿਯ ਸੁਧਿ ਲਾਯੇ॥

ਲੰਕਾ ਸੋ ਕੋਟਿ ਸਮੁਦ੍ਰ ਸੀ ਖਾਈ, ਜਾਤ ਪਵਨਸੁਤ ਬਾਰ ਨ ਲਾਈ॥

ਲੰਕਾ ਜਾਰਿ ਅਸੁਰ ਸੰਹਾਰੇ, ਸਿਯਾਰਾਮ ਜੀ ਕੇ ਕਾਜ ਸੰਵਾਰੇ॥

ਲਕਸ਼ਮਣ ਮੂਰਛਿਤ ਪੜੇ ਸਕਾਰੇ, ਲਾਯ ਸਜੀਵਨ ਪ੍ਰਾਣ ਉਬਾਰੇ॥

ਪੈਠਿ ਪਾਤਾਲ ਤੋਰਿ ਜਮ ਕਾਰੇ, ਅਹਿਰਾਵਨ ਕੀ ਭੁਜਾ ਉਖਾਰੇ॥

ਬਾਯੇਂ ਭੁਜਾ ਅਸੁਰ ਦਲ ਮਾਰੇ, ਦਾਹਿਨੇ ਭੁਜਾ ਸੰਤ ਜਨ ਤਾਰੇ॥

ਸੁਰ ਨਰ ਮੁਨਿ ਜਨ ਆਰਤੀ ਉਤਾਰੇ, ਜਯ ਜਯ ਜਯ ਹਨੁਮਾਨ ਉਚਾਰੇ॥

ਕੰਚਨ ਥਾਲ ਕਪੂਰ ਲੈ ਛਾਈ, ਆਰਤੀ ਕਰਤ ਅੰਜਨਾ ਮਾਈ॥

ਜੋ ਹਨੁਮਾਨ ਜੀ ਕੀ ਆਰਤੀ ਗਾਵੈ, ਬਸਿ ਬੈਕੁੰਠ ਪਰਮਪਦ ਪਾਵੈ॥

www.ingramcontent.com/pod-product-compliance
Lightning Source LLC
LaVergne TN
LVHW100313210926
848480LV00003B/1108
9798905842870